지구를
구하는
수업

지구를 구하는 수업

초판 1쇄 발행 2023년 4월 5일
초판 2쇄 발행 2023년 10월 16일

지은이 / 양경윤, 전민기, 김윤혜, 김희진, 박정윤, 임성화, 조혜경
그린이 / 정다연

발행 / 케렌시아
인쇄 / (주)다해씨앤피
일원화 구입처 / 031-407-6368 (주)태양서적
등록 / 2021년 11월 18일 (제386-2021-000096호)
이메일 / niceheo76@gmail.com

ISBN 979-11-976811-6-5 (03370)

기후위기 시대에 꼭 필요한 생태전환교육

지구를
구하는
수업

양경윤 · 전민기 · 김윤혜 · 김희진 · 박정윤 · 임성화 · 조혜경 지음

케렌시아

불안과 용기 사이에서 핀
지구사랑이라는 꽃

"음, 기후변화? 그게 뭔데요?"
"기후변화 문제를 교과 수업에서도 다루어 보자고요?"

3년 전 학교 선생님들께 기후변화, 기후위기 인식을 위해서 함께 공부하자고 했을 때 다들 시큰둥한 반응이었습니다. 교사전문성 향상을 위한 수업 기법도 아니고, 그렇다고 독서동아리도 아니고, 왜 이리 뜬금없는 '기후위기'라는 주제로 학습동아리를 조직하자고 하는 것일까? 하는 반응이 많았습니다. 하지만 저의 적극적인 권유로 기후위기 대응 교사 학습동아리를 시작했고, 우리는 조천호 박사님의 『파란하늘 빨간지구』를 함께 읽고 이야기 나누고 영상을 찾아보면서 하나씩 알아가기 시작했습니다.

와! 기후위기 정말 심각하다! 이러다 지구 망하겠다.

플라스틱 문제가 이렇게 심각한 거였어?

기후난민이 생기면 우리는 어떻게 되지?

낙동강이 바다가 된다고?

제주 바다에 더 이상 물고기가 살지 못할 거라니!

빙하가 이렇게 지구에 중요한 것이었다니!

기후변화의 심각성을 하나씩 알아갈수록 **불안**과 함께 **분노**의 감정이 쌓여 갔습니다. 내가 일회용 컵이랑 빨대를 사용하지 않는다고 세상이 변하겠어? 이런 문제는 개인에게 요구할 것이 아니라 기업과 국가가 나서야 하는 거 아니야? 이렇게 방대한 문제가 혼재되어 있는 기후위기 문제를 교과 수업으로 운영할 수 있다는 말인가? 교과 진도 나가기도 바쁜데, 수업에 적용할 수 있을까?

이러한 고민이 있었지만, 그럼에도 '기후변화에 대한 문제는 교과 수업에 없다고 하더라도 우리가 살아가야 할 터전에 관한 이야기이니 그 문제인식은 해야 하지 않을까?' 하는 생각으로 아주 작은 **용기** 내어 한 발자국 내어 보았습니다. 학생들이 제대로 알고 대처할 수 있도록, 학교가 해야 할 진짜 수업이라는 생각으로 한 걸음씩 나아가기 시작했습니다.

"어른들이 너무 무책임한 것 같아요."

"어른들은 심각성을 모르고 아이들에게 미래를 모두 떠넘기는 것 같아요."

"우리 엄마한테 플라스틱 쓰지 말자고 했어요!"

"학교 오는 길에 플라스틱 쓰레기가 버려진 것을 보고 그 쓰레기가 바다로 갈까 봐 주워서 왔어요."

처음 기후위기 문제를 알게 된 아이들 역시 불안과 두려움, 분노를 동시에 느꼈습니다. 그러나 수업이 진행될수록 기후변화의 문제가 무엇인지, 지구를 위한 행동이 무엇인지 하나씩 알아가고, 그것을 실천하는 자신을 보면서 스스로 자긍심을 가진 아이들이 되어 갔습니다. 또한, 아이들의 배움이 가정으로 퍼져나가 학부모님들의 인식까지 바꾸는 계기가 되었습니다. 한 발 내디딘 용기로 교사와 학생, 학부모까지 함께 **'지구의 일은 나의 일'**이라는 것을 인식할 수 있게 도움을 주었습니다.

"플라스틱을 쓰면 안 돼"라고 하는 것이 아니라
"플라스틱이 어떤 문제를 가져오는가?"로 질문을 던지는 수업

스스로 인식하기만 한다면 학생들은 플라스틱에 의한 문제를 어떻게 해결해야 할지 고민하고 다양한 방법으로 실천의 장으로 나아가려고 했습니다. 그래서 **인식하는 수업**에서 **실천의 장**으로 갈 수 있도록 이 책이 함께 길을 열어가려고 합니다.

이 책은 지구환경, 기후위기를 고민하던 선생님들이 실천하신 이야기를 담았습니다. 기후위기가 무엇인지 아직도 실감하기 어려운 분들에게, 학생들과 함께 어떻게 수업해야 할지 모르는 분들에게 저희의 작은 실천 이야기를 들려드리고 싶습니다. 함께 그 시작을 열어보시지 않으시겠습니까?

2023. 3.
양경윤

차례

프롤로그 - 불안과 용기 사이에서 핀 지구사랑이라는 꽃 ········ 004

책 100% 활용하기 ········ 004

지구 평균기온이 1℃씩 올라가면? ········ 014

1장 - 지구, 지금 뭐가 문제인데?

지구 평균기온 1℃ ········ 020

이산화탄소, 넌 누구니? ········ 026

기후가 어떻게 변하니? ········ 030

플라스틱, 헤어질 결심 ········ 037

빙하가 사라지면 ········ 041

2장 - 생물 멸종위기는 인간의 위기

줄어든 고래 똥, 지구가 위험해 ········ 049

꿀벌이 사라지면 인류가 멸종한다고? ········ 057

산호의 조난신호, 백화현상 ········ 061

사라진 크리스마스트리 ········ 067

My Eco Story - 담배꽁초가 고래 뱃속으로 ········ 072

3장 - 기후위기는 경제위기

물 부족은 식량부족으로 ········ 077

기후위기 시대의 현명한 소비 ········ 083

모두가 함께하는 ESG 경영 ········ 088

인류를 구할 식량 ········ 093

My Eco Story – 그래서 지금, 계속 헤어지는 중입니다 ········ 097

4장 - 지구를 살리는 기후행동가

오션클린업, 보얀 슬랫 ········ 103

파타고니아, 이본 쉬나드 ········ 107

기후 메신저, 그레타 툰베리 ········ 112

업사이클링, 프라이탁 형제 ········ 116

고그린맨, 조너선 리 ········ 120

My Eco Story – 나의 해시태그 #플로깅 #해양쓰레기 ········ 124

5장 - 쓰레기가 쌓이고 쌓이면

지구의 새로운 지형, 쓰레기 산 ········ 129

우리 집 일회용 플라스틱 ········ 133

우리 반 쓰레기통의 진실 ········ 139

미세플라스틱, 내 옷이 주범 ········ 143

6장 - 흔적이 남는 탄소발자국

내가 남긴 탄소발자국 ········ 151

먹거리, 넌 얼마나 멀리서 왔니? ········ 156

스마트폰을 쓰면 탄소가 발생한다고? ········ 161

My Eco Story – 기후환경 수업으로의 첫걸음 ········ 165

7장 - 에너지는 사라지지 않아요

에너지효율과 에너지절약 ········ 172

우리 마을이 사라진대요 ········ 176

재생에너지 RE100 ········ 180

My Eco Story – 생태시민의 씨앗 심기 ········ 184

8장 - 기후위기는 공정하지 않다

가라앉는 투발루, 누구의 책임인가? ········ 189

우리는 왜 1/6만 배출해야 하나요? ········ 197

My Eco Story – 그림책으로 가치합시다 ········ 202

9장 – 그림책으로 하는 기후환경 수업

창의적체험활동 프로젝트하기 ········ 207

동화로 '한 학기 한 권 읽기' ········ 215

기후환경 주제 맞춤 그림책 ········ 222

10장 – 함께 행동하고 실천해요

기후환경 계단에 발을 딛다 ········ 243

우유팩은 종이가 아니야 ········ 247

아주 작은 용기 ········ 252

자연을 따러 가요 ········ 256

자연물 활용 수업 ········ 261

미래를 위한 설거지 ········ 266

에필로그 – 함께하기에 한 걸음 더 ········ 269

Thanks to ········ 273

참고 자료 ········ 274

책 100% 활용하기

1. 이렇게 구성되었습니다.

이 책의 각 장은 주제에 관한 이야기와 수업 이야기로 구성되어 있습니다.

2. 관심 가는 주제부터 읽어도 좋아요.

차례를 훑다가 평소 관심이 있었거나 끌리는 제목이 있으면 그 주제부터 시작하셔도 됩니다.

3. 주제를 먼저 읽고 수업에 적용해보세요.

각 주제마다 수업 이야기를 담고 있습니다. 1~10장까지 주제 이야기를 먼저 읽고 기후환경의 전반적인 상황을 살펴보세요. 그런 다음 '이런 수업 어때요?'를 적용해보세요.

4. 그림책을 활용해보세요.

9장의 그림책 수업은 1장~8장의 주제와 연결하여 재구성되어 있습니다. 기후환경 주제에 맞는 그림책을 활용하실 때 도움이 되실 겁니다.

5. 전문적 학습공동체 등 동료 선생님들과 함께 읽어보세요.

한 주제씩 천천히, 함께 읽기는 더 깊이 있게, 더 멀리 나아가도록 도움을 줄 것입니다.

6. 단 한 번의 수업 실천이 이 책의 완성입니다.

배우는 것에서 끝나는 것이 아니라 실천하는 것, 이 책의 완성은 거기까지입니다.

지구 평균기온이 1℃씩 올라가면?

1℃ 올라가면?

가뭄이 지속되고 킬리만자로의 만년빙이 사라진다. 기후변화로 인한 질병으로 사망자 수가 30만 명에 달하게 되고 변화에 적응하지 못하는 동식물의 10%가 멸종위기에 처한다. 안데스산맥의 빙하가 다 녹아 없어져 5,000만 명이 물 부족으로 고통을 당한다.

2℃ 올라가면?

그린란드 빙하가 녹아 해수면이 상승하고 해안 지역은 침수되어 1,000만 명이 피해를 입는다. 인류가 사용할 수 있는 물의 양이 20~30% 감소하고 생물종의 15~40%가 멸종위기에 처한다. 유럽에서는 폭염 때문에 수십만 명이 사망하고 아프리카에서는 4,000~6,000만 명이 말라리아에 걸린다.

3℃ 올라가면?

해양 대순환이 정지하고 생물종 20~50%가 멸종위기에 처한다. 1억 5,000만~5억 5,000만 명이 굶주림으로 고통을 당한다. 남부 유럽은 극심한 가뭄에 시달리고 아마존 열대우림이 파괴되고 가뭄으로 인해 거대한 화재가 발생한다. 강력한 허리케인으로 수억~수십억 명의 환경난민이 발생한다.

4℃ 올라가면?

툰드라 지역이 절반으로 줄어들고 남극 빙하가 붕괴된다. 러시아와 동유럽에는 더 이상 눈이 내리지 않는다. 툰드라 지역의 동토층에 갇혀 있던 이산화탄소와 메탄가스가 대기로 빠져나와 온난화가 더욱 가속된다. 사용할 수 있는 물의 양이 30~50%로 감소하고 지구의 상당 부분이 생물학적으로 사람이 살 수 없는 환경으로 바뀌게 된다.

5℃ 올라가면?

북극과 남극의 빙하 모두 소멸한다. 밀림이 모두 불타고 가뭄과 홍수로 사람이 살 수 있는 지역이 빠르게 감소한다. 히말라야 빙하가 다 녹아 없어져 중국 인구의 1/4과 인도의 수억 명이 물 부족 사태를 겪는다. 수온이 높아져 메탄하이드레이트(methane hydrate)에 갇혀 있던 메탄가스가 방출되어 온실 효과가 가중된다. 대규모 지진과 해일이 발생한다.

6℃ 올라가면?

메탄하이드레이트가 대량 분출되면서 생물종의 95% 이상 멸종하는 대멸종이 시작된다. 지구는 2억 5,000만 년 전의 지질 상태로 돌아간다. 더 이상 생명체가 살 수 없다.

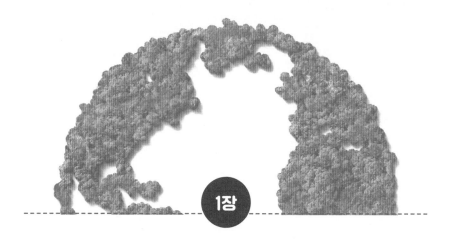

1장

지구,
지금 뭐가 문제인데?

기후위기는 당장 우리 눈앞에 보이는 위험이 아니기 때문에
우리의 지성에 의한 인식을 통해 이해해야 한다.
기후위기 재앙은 시작됐다. 대전환이 필요하다.
기후를 바꾸지 말고 세상을 바꿔라.

조천호, 대기과학자, 『파란하늘 빨간지구』 저자

암컷일까? 수컷일까?

"우와! 거북이다."

"고개를 딱 들고 있는 것 보니 당당한 엘사 같다."

"느릿느릿 걸으니 할아버지 거북이야."

아이들은 저마다 거북에게 이름을 붙여주었다.

"암컷일까? 수컷일까?"

"분명 암컷일 거야!. 지구가 요즘 너무 뜨겁잖아!"

태영이의 말에 지구가 뜨거운 것과 거북이 암컷인 것과 무슨 관계냐며 반 아이들이 큰 소리로 웃어댔다.

"하하하! 그러면 더운 나라는 여자아이, 추운 나라는 남자아이만 태어나겠네?"

플로리다에서 과학자들은 수컷 바다거북이 한 마리도 태어나지 않았다는 사실을 확인했습니다. 지난 4년간 오직 암컷 바다거북만 태어났습니다.

…미국 해양대기국에 따르면 바다거북이 주변 온도가 27.2℃보다 낮으면 수컷이 되고 31℃보다 높으면 암컷이 된다고 합니다. … 호주 레인 섬의 모래 온도인데 약 29℃를 기준으로 해서 1980년대부터 평균 온도가 올라가기 시작해서 1℃ 더 올라갔습니다.(생략) - MBC 뉴스

선생님이 뉴스 기사를 보여주자 아이들은 모두 놀라 입을 다물었다.

"진짜네, 주변 온도가 낮으면 수컷이 되네!"

"모래사장 온도가 올라가서 모두 암컷이 되는 거예요?"

"암컷만 있으면 이제 어떻게 되는 거죠?"

아이들은 웅성거리며 질문하기 시작했다. 서식지가 파괴되고, 무분별한 남획과 먹이로 오인하기 쉬운 플라스틱에 의해 지금 바다거북은 멸종위기종으로 지정되었다는 것을 알려주셨다.

"거북만 문제가 아니야! 바다 온도가 올라가면서 바다의 아마존인 산호초도 다 죽고 있어!"

태영이가 또 아는 체를 했다.

"선생님, 그러면 지구 온도를 낮추면 되지 않을까요?"

"한 번 올라간 지구의 온도는 낮출 수가 없단다. 아마도 지금보다 계속 온도가 올라가게 될 거야."

아! 다시는 내릴 수가 없다고? 게다가 계속 온도가 올라간다는 것은 충격이 아닐 수가 없다. 우리 지구가 계속 뜨거워지면 우리는 어쩌지? 여기저기서 탄식하는 소리가 들렸다.

지구
평균기온 1℃

평균기온 상승이 가져올 나쁜 미래

겨우 1℃ 올랐는데, 거북의 성별이 바뀐다고?

지구 평균기온은 거북한테만 문제가 되는 걸까?

도대체 지구 평균기온이 1℃ 오른다고 무슨 문제가 생기는 걸까?

도대체 지구 평균기온이 1℃ 오르면 무슨 일이 일어난다고 세상이 이렇게 떠들썩한 거야?

1℃쯤이야 언제든지 오르고 내리고 할 수 있는 것 아니야?

이렇게 생각할 수도 있지만, 지구 평균기온의 상승은 지금 지구의 가장 큰 문제입니다. 아, 지구의 문제가 아니겠군요. 지구의 평균기온이 올라간다는 것은 우리 인간에게 문제인 것이죠.

인간에게 어떤 문제를 일으키기에 전 지구인이 두려워할까요? 지구 평균기온의 상승이 초래할 미래는 아직 오지 않았으니 좋은 결과일지

나쁜 결과일지 결론지어 말할 수는 없습니다. 문제는 좋은 결과든 나쁜 결과든 한번 진행되면 지구를 예전으로 절대로 되돌릴 수 없다는 것입니다. 좋은 결과라면 얼마나 다행이겠습니까? 하지만 안타깝게도 과학은 나쁜 결과를 예측합니다.

기록적인 폭염, 산불, 폭설, 빙하의 감소, 슈퍼태풍, 극심한 가뭄, 홍수 등의 이상기후가 나타나고 있고, 해양생물의 멸종, 식물의 고사 등 지구상의 생물들이 멸종되어가고 있는데, 이런 것들이 우리의 미래를 보여주고 있습니다.

지난 1만 2,000년 동안 지구 평균기온이 4℃ 올랐다고 합니다. 그런데 산업혁명 이후 지난 200년 동안에만 지구 평균기온이 1℃ 올랐다고 하지요. 지구 온도상승으로 인한 지구온난화의 문제는 결국 인간활동에 기인한 것이지요.

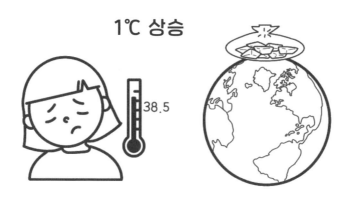

1장 – 지구, 지금 뭐가 문제인데? 《 21

지구가 열이 나요

지구의 현재 상황을 사람의 몸으로 비유해본다면, 36.5℃~37.4℃의 정상체온으로 잘 살아가고 있었는데, 어떤 외부 요인으로 체온이 갑자기 1℃ 오른 것과 같습니다. 38.4℃가 되어 온몸이 뜨거워진 것이지요. 이렇게 열이 나는 사람에게 필요한 것은 무엇일까요? 해열제입니다. 그런데 해열제는 주지도 않고 계속 체온을 오르게 하는 활동을 한다면 사람은 죽고 말 겁니다. 지구도 마찬가지겠지요.

여기서 질문!

"지구 평균기온이 1℃ 오르는 데 어느 정도의 열에너지가 필요할까요?"

원자폭탄이 몇 개쯤 터지면 1℃가 올라가는지 물리학자들이 계산해보았다고 합니다. 여러분, 놀라지 마세요.

매초 원자폭탄 4개가 200년 동안

놀랍지 않은가요? 어마어마한 양의 원자폭탄이 지금도 제 옆에서 터지고 있는 것이지요. 200년 동안 일 년에 1개도 아니고 매초 4개라니. 지구가 변하지 않는다면 그게 더 이상할 듯합니다.

"그러면 온도상승을 멈추면 되잖아!"

맞습니다. 아주 간단한 문제지요. 지구 평균기온이 더 이상 상승하지 않는다면 정말 좋을 텐데, 말처럼 그리 간단한 문제가 아니니 전 세계인이 함께 고민하는 것이겠지요.

평균기온 상승의 원인

그러면, 지구 평균기온을 올리고 있는 것은 무엇일까요? 이미 다들 알고 계시겠지만 온실가스 때문이지요. 온실가스는 또 뭘까요? 온실가스의 대표적인 기체가 바로 이산화탄소입니다. 지구 평균기온이 오르면 도대체 어떻게 되냐고 물었는데 꼬리에 꼬리를 무는 질문에 머리가 아프다고요? 자, 그럼 정리를 한번 해볼게요.

지구 평균기온이 1℃ 상승하면 무슨 일이 생기는데?

↓ (우리 인류에게 나쁜 결과가 예측되고 있어)

온도상승을 멈추면 되잖아!

↓ (온도상승의 원인을 알아야 멈추겠지)

지구 평균기온을 올리는 것은 무엇이야?

↓ (온실가스—이산화탄소)

이산화탄소 배출을 멈추면 되는 거 아냐?

여기까지 오고 보니 지금의 기후 문제는 이산화탄소 때문이었네요. 지구 평균기온 상승, 즉 지구온난화의 주범은 온실가스입니다.

"이산화탄소 배출을 멈추자!"

그렇습니다. 지금 일어나고 있는 모든 문제의 원인은 이산화탄소이니 딱 이거 하나만 배출을 멈추면 되는 것이지요. 그런데 이게 가능할까요? 불가능합니다. 왜냐고요? 현대문명은 이산화탄소의 배출로 만들어진 문명이니까요. 차를 타고 이동해야 하고, 생활에 필요한 물건을 만들어야 하며, 전기를 사용해야만 하거든요. 그리고 이 모든 것이 이산화탄소와 관련이 있습니다.

···· 이런 수업 어때요? ·····························

> 주제 : 지구 평균기온 1℃ 상승의 의미
>
> 수업 의도 : 지구 평균기온 1℃ 상승의 위험성을 잘 이해하지 못하기 때문에 사람의 체온과 비교하여 인식할 수 있도록 한다. 코로나19로 등교할 수 있는 체온 기준이 생겨나 학생들의 체온에 대한 인식이 높아진 것을 활용한다.

1. 지구 평균기온 vs. 체온
  ① 지구 평균기온이 1℃ 오를 때 생기는 문제점 생각하기
    – 지구 평균기온을 사람의 체온으로 바꾸어 생각하기
  ② 사람의 정상체온 범위는 얼마일까?
  ③ 사람의 체온이 1℃ 더 오르면 생기는 문제점 이야기하기
    – 학생들이 자신이 아팠던 경험을 떠올려가면서 대화하기
    – 해열제를 먹는다, 병원에 가야 한다, 증상에 따라 다르지만 무조건 열은 내려야 한다.
  ④ 38.5℃에서 1℃ 더 오르면 생기는 문제점 이야기하기
    – 39.5℃에서는 해열제 없이는 죽는다, 세포가 파괴된다 등 학생

들의 다양한 생각 열기

2. 설명하기 및 배움 내면화

① 설명하기

－지난 200년 동안 지구 평균기온은 1℃ 올랐습니다. 정상체온에서 1℃ 오른 것이니 38.5℃로 지금 열이 끓고 있는 상태입니다. 그런데 여기에서 1℃ 더 올라간다면 어떻게 될까요?

② 배움 글쓰기

－체온과 지구 평균기온을 비교하여 설명한 것을 글로 적기

－가정학습으로 부모님께 지구 평균기온 상승 문제 이야기하기

이산화탄소,
넌 누구니?

10,000개 중에 겨우 4개?

도대체 이산화탄소가 무엇이길래 야단법석일까요?

우리 공기 중에 이산화탄소가 얼마나 많길래?

지구 평균기온 상승을 막기 위해서 탄소배출을 멈추려고 보니 이산화탄소가 무엇인지 궁금해집니다. 공기 중에 가장 많은 것은 질소입니다. 대기의 약 78%나 되고, 두 번째로 많은 것은 산소로 약 21%가 존재합니다. 어! 질소 78%와 산소 21%를 하고 나니 1% 남는데 그러면 지구상의 나머지 기체는 모두 합쳐서 1%라는 것이잖아요. 그러면 도대체 이산화탄소는 얼마나 되는 걸까요? 온실가스는 공기 중에 약 0.04%밖에 존재하지 않는다고 해요. 그중 이산화탄소가 지구온난화에 가장 많은 영향을 끼친다고 합니다. 바꾸어 말하면, 1만 개의 공기 분자 중에 이산화탄소는 4개뿐이라는 것이지요.

빙글빙글, 흔들흔들

에너지를 흡수한 온실가스는 가만히 있지 않고 주변의 공기를 잡고 같이 흔들어서 전체 기온을 상승시킵니다. 한마디로 혼자 가만히 있지를 않고 주변까지 흔드니 공기의 온도가 올라가는 거지요. 공기 100개 중에 이산화탄소 1개만 있어도 지구 평균기온은 100℃에 도달할 수 있을 정도로 강력하답니다.

온실가스가 모두 없어지면 좋겠다고요?

그건 안 될 말입니다. 온실가스가 모두 사라지면 지구 평균기온은 영하 18℃로 생명이 살 수 없게 됩니다. 온실가스 덕분에 지구 평균기온 15℃를 유지할 수 있었고 인류 문명도 발전할 수 있었지요. 문제는 산업혁명 이후 늘어난 이산화탄소량입니다. 배출된 이산화탄소를 없애면 되지 않냐고요? 없애버리고 싶어도 없앨 수 없으니 문제이지요.

한번 공기 중으로 배출된 이산화탄소는 수백 년 동안 사라지지 않는다고 합니다. 더 이상 공기 중으로 이산화탄소가 배출되지 않도록 노력하는 수밖에 없습니다.

이산화탄소는 어디에서 왔을까?

앞에서 현대문명은 탄소배출로 만들어졌다고 했지요. 탄소를 배출하지 않고는 현대의 삶을 영위할 수 없습니다. 공장을 지을 때도, 집을 지을 때도, 차를 만들 때도, 전기를 만들 때도, 음식을 만들 때도 탄소를 배출하면서 살아갑니다. 탄소 없이는 불가능한 우리 삶이 이제는 탄소 때문에 힘들어지니 삶의 방식을 바꾸어야 합니다.

····· **이런 수업 어때요?** ······························

주제 : 온실가스 이해하기

수업 의도 : 이산화탄소, 온실가스 등은 기후환경 수업에서 꼭 살펴보아야 하는 용어이다. 글을 읽고 질문과 대화로 탄소가 하는 일을 알고 현재의 문제점도 이해한다. 이산화탄소 놀이를 통해 지구 평균기온 상승의 원인이 탄소임을 몸으로 이해하도록 한다.

1. 온실가스 이해하기

① '이산화탄소, 넌 누구니?'를 짝과 함께 읽고 질문 만들기

- 현대 삶을 유지하기 위해서는 왜 탄소가 필요할까?
- 공기 중에 탄소가 줄어들면 어떤 일이 생길까?
- 공기 중에 탄소가 늘어나면 어떻게 될까?
- 탄소가 0.04%밖에 안 되는데 왜 문제가 될까?

② 온실가스가 줄어들거나 많아지면 어떻게 되는지 알아보기

③ 탄소가 어떻게 공기의 온도를 올리는지 알기

2. 이산화탄소 놀이하기

① 한 명의 술래(이산화탄소)를 정한다.

② 친구들은 교실의 원하는 위치에 골고루 흩어져 가만히 서 있는다.

③ 술래는 다니면서 친구들의 팔을 잡고 1~2번 흔든다.

④ 술래에게 팔이 흔들어진 친구는 두 팔을 흔들면서 춤을 춘다.

⑤ 모든 친구가 팔을 흔들고 춤을 출 때까지 술래는 모든 학생의 팔을 잡아 흔들어서 춤을 추게 한다.

⑥ 모든 학생이 춤을 추게 되면 놀이를 종료한다.

3. 배움 글쓰기

① 이산화탄소 놀이 후 느낀 점 말하기

② 이산화탄소가 다른 공기에 미치는 영향 말하기

③ 이산화탄소에 대한 배움을 글로 쓰기

기후가
어떻게 변하니?

날씨와 기후

오늘 날씨는 어떠한가요?

오늘 기후는 어떠한가요?

이 두 문장 중에 어떤 표현이 맞을까요? '오늘'이라는 단어가 힌트입니다. 네, 맞습니다. 첫 번째 문장입니다.

오늘 날씨는 어떠한가요? 어떤 지역은 맑을 것이고, 어떤 지역은 비나 눈이 올 수도 있겠지요. 아침에는 맑았는데 오후에는 갑자기 비가 오기 시작하여 우산이 없어 당황하게 되는 날도 있지요. 하루에도 해가 떴다가도 어느 순간 비가 오고 바람이 불거나, 어떤 날은 덥고 어떤 날은 갑자기 쌀쌀해지기도 하는 변화무쌍한 것이 바로 날씨입니다. 날씨는 변하는 것이 기본 속성입니다.

"우와~ 오늘 날씨 참 좋다!"

따스한 봄 대기 상태가 깨끗한 날, 파란 하늘에 구름 몇 점 떠 있는 날 산책하다 보면 우리도 모르게 이런 말을 하게 됩니다.

'오늘 날씨', '내일 날씨'라는 표현을 쓰지요. 우리나라 내에서도 날씨는 지역마다 다 다른 것이 정상이지요. 구름의 양도 다를 것이고 바람의 속도도 다를 것입니다. 그러면 서울과 부산의 기후는 다를까요? 서울은 겨울, 부산은 여름일까요? 서울이든 부산이든 우리나라는 모두 같은 계절을 지냅니다. 이것이 기후입니다. 우리나라는 온대기후에 속해 있다 보니 사계절이 있지요. 서울과 부산의 추운 정도가 다를 뿐, 같은 계절 겨울이라는 것입니다.

저랑 아래 질문에 내기를 한번 해보시겠습니까? 우리나라에서 눈이 올 확률이 높은 곳에 승패를 걸어보세요.

8월 15일 광복절에 눈이 온다?	VS	12월 25일 크리스마스에 눈이 온다?

너무 쉽다고요? 일단 8월 15일은 여름이기 때문에 눈이 올 확률은 거의 없습니다. 그렇지만 12월 25일은 겨울이기 때문에 눈이 올 가능성이 아주 크지요. 우리나라에 살면서 사계절을 몇 번 경험해보고 달력을 볼 줄 안다면, 분명 순식간에 두 번째를 선택하겠지요. 두 번째를 순식간에 결정할 수 있는 이유는 무엇일까요?

바로 '기후'의 속성을 경험적으로 알기 때문입니다. 8월은 여름, 12월은 겨울이 된다는 것을 알고 있지요. 기후는 그 지역의 여러 해 걸쳐서 나타나는 평균 상태로 예측할 수 있습니다. 올해 여름이 다음 해에는 겨울이 되지는 않는다는 것이지요. 그래서 기후를 말할 때는 '지역'이라는 개념을 넣어 표현하면 되겠지요.

'이 지역의 기후는 어떠한가요?'

만약, 8월 광복절에 눈이 온다면 사람들은 매우 당황스러울 것입니다. 반소매를 입고 있다가 갑자기 겨울 코트를 꺼내 입어야 할지도 모릅니다. 인간은 두꺼운 옷을 꺼내 입으면 그만이지만, 8월 뜨거운 태양에너지를 받아야 하는 식물들은 갑작스레 내리는 차가운 눈에 생명을 잃게 될 것입니다. 이렇게 지속성과 예측성을 가진 단어가 '기후'인데 이것이 변하고 있다고 하니 얼마나 무서운 일인지 모릅니다. 날씨처럼 변해야 하는 것은 변하고 기후처럼 지속되어야 할 것은 지속되어야 합니다.

기후변화에서 기후위기로

'기후'라는 것을 이해하면 '기후변화'는 무서운 단어가 됩니다. 그러나 이 단어가 주는 경각심은 그리 크지 않았나 봅니다. 2019년 영국 언론 가디언에서는 '기후변화'를 '기후위기'라고 용어를 바꾸기로 합니다. 기후변화보다 기후위기라는 용어는 확실히 우리에게 위기감과 경각심을 줍니다.

'기후위기'라고 말하고 보니 두려움이 생깁니다.

그러나 두렵다고 모른 척 할 수 있는 일은 아닙니다. 우리는 기후학 자도 기상학자도 아니지만, 교사로서 지구온난화, 기후위기 문제를 학생들과 이야기 나누어야 합니다. 이것은 **환경의 문제라기보다 생존의 문제**이기 때문입니다. 시급한 생존의 문제를 수업에서 다루지 않는다는 것이 더 문제이지 않을까요?

··· 이런 수업 어때요? ·······························

주제 : 기후변화/기후위기

수업 의도 : '기후'와 '날씨'의 정의를 명확하게 알고 기후변화라는 단어 가 위험성을 내포하고 있다는 의미를 인식할 수 있도록 한다.

날씨와 기후를 구분하지 못하는 상태에서는 기후위기를 이야기할 수 없을지도 모릅니다. 고학년의 경우는 이미 지식영역에서 배움이 생 겨있으니 살짝 언급하고 살펴보는 정도에서 수업을 진행할 수도 있습 니다. 그러나 모든 학생이 날씨와 기후를 명확하게 인식하고 있지는 않기 때문에, 개념적인 부분은 다 함께 재미있는 퀴즈 등으로 그 의미 를 생각해보게 해주면 좋습니다.

1. 퀴즈로 기후와 날씨 용어 이해하기

　① 표현법이 맞는 것을 찾아 그 이유 말하기

　　• 퀴즈 1 : '오늘 날씨'와 '오늘 기후' 중 맞는 것은?

　② 짝과 함께 인터넷 검색을 통해서 오늘의 기후는 이 지역의 기후
　　로 바뀌어야 함을 인식하게 도와준다.

2. 퀴즈로 기후 개념 이해하기

　① 우리나라 12월 25일이 겨울임을 예측하기

　　• 퀴즈 2 : 서울 명동 성당 앞에서 모두 함께 패딩을 입고 모이기
　　　로 했습니다. 모임 일은 8월 15일과 12월 25일 중 언제일까요?

　② 우리나라의 겨울과 여름의 기후를 가지고 예측 설명하기

3. 미래 예측하기

　① '과연 12월 25일이 계속 추울까?' 예측해보기

　② 제트기류의 흐름이 바뀌고 있음을 알려주기

　　– 북극얼음이 녹으면서 북극이 따뜻해져서 제트기류가 느슨해지
　　　면 겨울에 한파도 올 수 있고, 너무 더운 이상기온이 발생할 수
　　　도 있음을 알기

제트기류

인천에서 LA까지는 여행하는 데 비행기로 약 11시간이 걸립니다. 그런데 반대로 LA에서 인천까지 비행기로 오는 데는 약 13시간 30분이 걸립니다. 똑같은 거리를 비행하는데 왜 이런 차이가 생기는 걸까요? 바로 제트기류 때문입니다. 제트기류는 대류권 경계면에 존재하는 폭이 좁고 강한 편서풍대 바람으로 기상학자 로스비가 1956년 타임지에 'JET STREAM'이라고 표현한 뒤부터 사용하기 시작했습니다. 극지방과 저위도 지방의 온도 차로 발생하는 바람의 흐름이라고 생각하면 쉽게 이해할 수 있어요. 차가운 극지방의 공기가 따뜻한 공기를 만나며 에너지가 형성되어 흐르는 거죠. 그래서 두 지방의 온도 차가 크면 클수록 강한 제트기류가 형성됩니다.

이런 제트기류와 기후위기가 어떤 연관이 있냐고요? 2021년 겨울을 예로 들어볼까요? 기후위기로 인한 이상기온의 발생으로 제트기류의 흐름이 약해져 갑자기 정 반대 방향으로 흐르는 성층권 붕괴 현상이 생겼습니다. 둑이 터지듯 북쪽의 찬 공기가 내려오자 추위와 폭설이 유럽을 덮쳤습니다. 일본의 홋카이도에는 2m가 넘는 폭설이 내렸죠. 반면 북극해는 너무 따뜻한 날씨 때문에 빙하가 녹아버렸습니다. 이는 해수면의 상승을 가져오게 됩니다. 뜨거워진 지구가 한파 와 폭설을 일으키는 아이러니한 상황입니다.

플라스틱,
헤어질 결심

지금은 무슨 시대일까요?

주로 돌을 이용했던 시대는 석기시대, 청동을 이용하던 시대는 청동기 시대, 철기를 이용했으니 철기시대. 이렇게 무엇을 이용하는가에 따라 시대를 구분합니다. 그럼 지금은 무슨 시대일까요?

바로, 플라스틱 시대. 현대인들은 태어나는 순간부터 플라스틱을 사용합니다. 젖병, 장난감, 집의 물건들, 교실의 물건을 보면 플라스틱이 들어가지 않은 것을 찾기 어렵습니다. 단단하고 가볍고 투명하고 매끈하고. 아름다운 색깔로 만들 수 있고, 오래오래 쓸 수 있는데 가격은 무지 싸기 때문에 현대인들이 가장 사랑하게 된 것이지요. 그런데 그토록 사랑을 줬던 플라스틱이 우리의 사랑을 배신하고 있습니다.

바로, 썩지 않는 겁니다. 그것도 수백 년 동안. 인간이 사랑했던 플라스틱의 장점이 바로 단점이 되어 돌아왔습니다. 그래서 쌓입니다.

너무도 사랑했기에 헤어질 결심을 해야만 하는 때가 왔습니다. 너무도 가까이 있기에 인식할 수 없고, 버릴 수도 없고, 어쩔 수 없이 취할 수밖에 없는 플라스틱, 이 플라스틱의 장단점을 알아보는 것만으로도 헤어질 결심을 하는 데 도움이 됩니다.

··· 이런 수업 어때요? ··································

주제 : 플라스틱의 장단점

수업 의도 : 썩지 않고 오래 쓸 수 있는 플라스틱의 장점이 곧 단점이 되는 것을 이해할 수 있도록 도와줌으로써 지구상의 플라스틱 문제를 인식할 수 있도록 한다.

1. 플라스틱 장단점 알기

① 플라스틱이 포함된 물건 9칸 빙고 놀이

– 플라스틱이 우리 생활에서 다양하게 쓰이고 있음을 인식하는 놀이로 9칸을 모두 완성할 때까지 계속 진행하기

찰흙 비닐봉지	딱풀 통	책상
의자	가방	필통
보드게임판	실내화	스프레이 통

※ 유의점 : 자신이 맞춘 칸은 X나 색칠하지 말고 글자 위에 ○로 표시해주세요.

② 플라스틱 장단점 탐색하기

- 짝을 바꾸어가면서 생각의 폭을 넓히고 자유롭게 대화하기(짝 3번 이상 바꾸기)

플라스틱의 장점	플라스틱의 단점
단단하다	썩지 않는다
가격이 싸다	쌓인다
오래 사용한다	인체 유해 호르몬 배출
색깔이 다양하다	
다양하게 만들 수 있다	

③ 플라스틱 영상을 보면서 짝과 함께 질문 만들기

- 왜 바다로 가게 되었을까?
- 누가 치워야 할까?

2. 사용하고 난 플라스틱은 어떻게 되는지 알아보기

① 분리수거 후 재활용

② 매립이나 소각의 과정으로 처리

③ 바다로 흘러 들어가서 바다에 쌓인다.

- '오션클린업, 보얀 슬랫'(103쪽)과 연결하여 수업을 해보세요.

바다 쓰레기 섬

GPGP(Great Pacific Garbage Patch)

바람과 해류의 영향으로 북미와 중남미, 아시아에서 흘러온 쓰레기로 만들어진 태평양 해역의 거대한 쓰레기 섬으로 80% 이상이 플라스틱으로 이루어져 있어요. 그리고 북태평양만 아니라 북대서양, 남대서양, 인도양, 남태평양에도 쓰레기 섬이 존재한다고 해요.

바다로 흘러 들어온 플라스틱은 자외선과 파도에 의해 쪼개져 미세플라스틱이 되어 해양생물과 인류에 나쁜 영향을 주기도 해요.

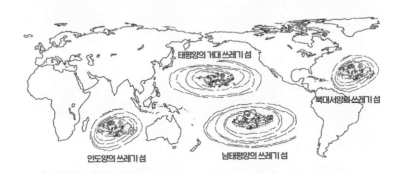

빙하가
사라지면

'빙하' 하면 떠오르는 것?

'빙하' 하면 어떤 것이 떠오르나요? 남극 바다에 둥둥 떠 있는 거대한 빙산이 떠오르나요? 아니면 해발 8,000m가 넘는 히말라야 고산지대를 뒤덮은 만년설의 빙하가 떠오르나요? 아, 해빙에 올라탄 북극곰을 떠올린 분도 있을 겁니다.

'빙하'는 우리나라에서는 볼 수 없고 극지방의 땅과 바다 그리고 높디높은 산맥에서 볼 수 있습니다. 여름에도 녹지 않는 얼음이 신기해서 빙하를 보러 이렇게 먼 곳까지 여행을 가기도 합니다.

일 년 내내 녹지 않을 줄 알았던 이 얼음들이 조금씩 녹기 시작하더니 빠르게 사라지고 있습니다. 거대한 빙붕에 금이 가고 쪼개어지면서 더 빠르게 녹는 중입니다. 마치 큰 알사탕은 입안에서 천천히 녹지만 한번 깨물어 조각난 사탕은 빠르게 녹아 사라지는 것처럼 말입니다.

킬리만자로 빙하가 녹아내리다

해발고도 5,898m의 아프리카 킬리만자로. 킬리만자로는 '하얀 산'이라는 뜻입니다. 만년설을 뜻하지요. 킬리만자로는 남극과 북극을 제외하면 지구상 최대의 육상 빙하지대입니다. 1만 2,000년 동안 산 정상을 뒤덮고 있던 빙하의 90%가 사라졌습니다. 킬리만자로뿐만 아니라 케냐산, 르윈조리산, 아프리카에 남아있던 3곳의 빙하가 빠르게 녹고 있습니다. 이렇게 빙하가 사라지면서 동아프리카 지역에 기록적인 홍수, 가뭄이 일어나고 이것은 아프리카 식량 문제를 더 악화시키고 있습니다.

히말라야 빙하도 녹다

2021년 히말라야산맥에서 녹아서 떨어진 빙하로 넘쳐난 강은 인도 북구의 마을을 순식간에 쓸어버렸습니다. 200여 명이 실종되고 댐과 도로, 다리, 수력발전소까지 파괴되었습니다. 이 현상은 빙하가 녹는 여름에 일어난 것이 아니라 한겨울에 빙하가 녹아내려 생긴 것입니다. 지구온난화의 영향이지요.

히말라야산맥의 빙하와 만년설은 황하, 양쯔강, 인더스강, 갠지스강, 메콩강 등 아시아 주요 10개 강에 물을 공급하고 있습니다. 산악 빙하가 녹으면 단기적으로 물 공급이 증가하지만, 이 빙하가 다 녹아버리면 물 공급이 끊기게 되고 결국 물이 부족해지게 되지요. 히말라야산맥의 빙하에서 흘러오는 물을 이용하여 살아가는 아시아 인구뿐만 아니라 이 지역에 생산되는 식량에 의존하는 30억 명의 인구가 식량부족에 직면할 수도 있습니다.

남극 빙붕이 쪼개지다

빙붕은 얼음이 바다를 만나서 얼어붙은 거대한 얼음덩어리입니다. 일 년 내내 두꺼운 얼음으로 덮여 있지요. 남극 해안선의 75%를 차지하고 있습니다. 이 빙붕 덕분에 남극 대륙의 얼음들이 유지되고 있습니다. 즉 이 빙붕이 빙하가 흘러내리는 것을 막아주는 역할을 하는 것입니다.

그런데 이 빙붕이 쪼개지고 사라지고 있습니다. 해안선의 빙붕이 사라지면 많은 양의 빙하가 빠르게 녹아내려 전 지구 해수면이 급격하게 올라가게 됩니다. 남극의 얼음이 다 녹는다면 전 세계의 바다는 60m 이상 높아집니다. 전 세계의 얼음 90%와 세계 전체의 담수 70%가 남극에 있습니다.

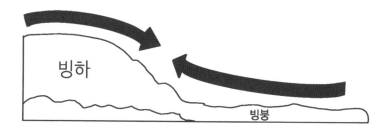

빙하가 녹아 바다로 가면 무슨 일이?

눈과 얼음이 감소하면 지구상에 태양에너지 반사율이 감소해서 또다시 지구의 온도를 올리는 원인이 됩니다. 그럴 뿐만 아니라 차가운 물이 바다로 밀려들면 해류의 움직임에 문제가 생길 수 있습니다. 추운 바다에 떠다니는 해빙은 바다에서 공기 중으로 이동하려는 수증기의 양을 조절하여 강한 폭풍우가 만들어지는 것을 막아준다고 하니 빙하들이 녹지 않고 예전처럼 머물러주면 좋겠습니다.

녹으면 안 되는 땅이 녹고 있어요

'영구동토층'은 2년 이상의 모든 계절 동안 0℃ 이하의 온도로 유지되는 땅을 일컫는데요, 북반구 육지의 약 24%를 차지하고 있는 넓은 지역입니다. 빙하 아래의 땅, 얼음이 있어 드러나지 않았던 땅. 이 땅들이 드러나고 있어요. 이 안에 1조 6,000억 톤의 탄소가 분해되지 않고 축적되어 있습니다. 현재 공기 중에 존재하는 이산화탄소의 2배이며, 또한 이산화탄소보다 25배나 더 강하게 열을 끌어모으는 많은 양의 메탄도 함께 묻혀있습니다.

빙하가 녹으면 안 되는 또 하나의 이유가 바로 영구동토층입니다. 이것까지 녹기 시작한다면 지구는 더 이상 우리 인류를 도와주지 않을 겁니다.

주제 : 지구온난화와 빙하

수업 의도 : 현재 지구온난화로 일어나고 있는 빙하와 빙붕들의 붕괴를

알고 빙하와 빙붕의 중요성을 인식하게 한다.

1. 빙하 탐구하기

① '빙하가 사라지면'을 읽고 질문 만들기

• 빙하가 녹아내리면 물이 더 많아지는 것이 아닐까?

• 기후변화로 빙하가 녹는 것과 지구 평균기온의 상승과는 어떤

관계가 있을까?

• 빙붕이 떨어지면 바다에 떠 있지 않을까?

• 남극의 빙하가 다 녹으면 도시들은 어떻게 될까?

② 빙하에 대한 생각 그물 그리기

– '빙하가 사라지면'을 읽고 빙하가 중요한 점을 생각 그물망으

로 만들기

③ 빙하가 지구에 중요한 이유를 짝에게 설명하기

④ '북극의 경고' 영상을 보면서 짝과 함께 질문 만들기

– 스스로 질문을 만드는 활동을 통해 빙하에 대한 깊이 있는 생

각 갖기

2. 빙하가 줄어들고 있다는 기사 조사하기

   ① 빙하가 줄어들고 있다는 기사를 살펴보기

   ② 기사를 통해서 빙하의 중요성 느끼지

   ③ 조사한 내용을 SNS상에 알리기 및 빙하의 중요성을 알리는 홍

     보글 쓰기

2장

생물 멸종위기는
인간의 위기

지구상의 생물들 중 어느 한 종을 잃는다는 것은
비행기 날개에 달린 나사못을 빼는 것과 같다.

폴 에르리히

탄소저장소, 고래

"모비딕? 무슨 책인데 이렇게 두꺼워요?"

선생님이 보고 계신 책에 관심을 가진 아이들이 선생님 주변으로 몰려들었다.

"모비딕은 고래 이름이란다."

"우와, 고래도 이름이 있어요?"

이 책의 내용은 모비딕이라는 향유고래를 잡기 위해 포경선에서 일어나는 이야기라고 했다. 19세기에는 고래를 잡으면 큰돈을 벌 수 있었기 때문에 포경업이 성행했고, 그런 탓에 많은 고래가 바다에서 사라졌다니 안타깝기도 했다.

"큰 고래는 일생 동안 약 33톤의 이산화탄소를 흡수해서 자신의 몸에 저장한단다. 게다가 죽어서는 탄소를 품고 심해저로 들어가지, 한마디로 고래는 살아서도 죽어서도 탄소 저장고란다."

앗! 지난 100년 동안 엄청나게 많은 고래를 잡았다고 했는데, 그러면 그 많은 고래가 죽으면서 공기 중에 이산화탄소를 배출했다는 것이 된다. 지금 대기 속 이산화탄소의 일부분은 고래에서 나온 것일까?

줄어든 고래 똥,
지구가 위험해!

'이상한 변호사 우영우'

2022년 K-드라마의 또 하나의 열풍을 일으켰지요. 법정물의 드라마인데 결과보다는 과정과 사람에 집중했기에 더 많은 사랑을 받았습니다. 또 하나 사회적 관심을 받은 것은 자폐 스펙트럼을 가진 주인공 덕분에 자폐 스펙트럼에 많은 이들이 관심을 가지고 제대로 알려고 노력하게 되었다는 겁니다. 그리고 하나가 더 있습니다. 극 중에서 주인공이 우울함에 빠졌을 때 위안이 되기도 하고, 사건을 해결할 때나 외부와 소통할 때 실마리가 되어준 동물이 등장합니다.

바로, 고래입니다.

고래는 우리에게도 참으로 친근감 있는 동물입니다. 아이들 역시 이상하리만큼 고래 그림도 좋아하고 고래 장난감도 좋아합니다. 고래는 오래전 육지에 살던 포유동물이 바다로 서식지를 옮겨가면서 진화한 동물로 알려져 있어요. 그래서 더 친근한지도 모르겠습니다.

그런데 이 고래가 멸종위기에 있다는 사실을 아시나요? '바다에 사는 고래인데 멸종되면 좀 어때?' 이렇게 생각하는 것은 아니시죠? '고래'의 멸종을 필사적으로 막아야 합니다. 그 이유가 뭘까요? 고래가 기후위기를 해결할 열쇠를 가지고 있기 때문입니다.

펌프 고래

고래는 바다에 사는 유일한 포유류입니다. 포유류이기 때문에 숨을 쉬러 물 밖으로 나와야 하지요. 덕분에 우리는 고래가 물을 뿜는 멋진 장면을 볼 수 있습니다. 그런 고래는 바다에도 기특한 일을 하고 있습니다. 호흡을 하기 위해 주기적으로 수면으로 올라오고 먹이활동은 물속에서 하면서 바닷속을 위아래로 왕복하며 바다 밑에 있는 플랑크톤과 영양분들을 순환시키는 바다의 펌프 역할을 합니다.

고래 똥, 식물성 플랑크톤의 먹이

인(P)은 농작물의 비료로 많이 쓰이는 필수영양물질입니다. 그런데 우리가 사용하는 비료가 고래 똥과 관련 있다는 사실을 아시나요? 고래의 똥은 인(P)의 순환을 돕습니다. 고래의 똥에는 인과 질소가 포함되어 있는데 해조류의 번성을 돕습니다. 그걸 먹고 자란 바닷새와 바다에서 강으로 가는 회귀성 어류는 얕은 바다의 인을 육지로 옮긴다고 해요. 과거에는 매년 14만 톤의 인이 이렇게 육지에 쌓였는데 지금은 과거의 4%로 줄었다고 하니 걱정이 아닐 수 없습니다.

인과 질소가 풍부한 고래 똥 덕분에 식물성 플랑크톤이 많이 증식합

- 고래 똥을 통한 인(燐)의 이동 -

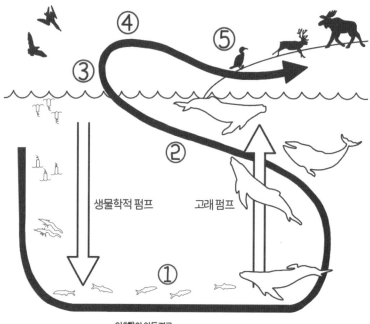

바다에서 산으로, 똥을 통한 인(燐)의 이동

생물학적 펌프

고래 펌프

인(燐)의 이동경로

① 심해에서 고래가 먹이 섭취
② 수면으로 떠 오른 배설물
③ 필수영양물질인 인(P)이 퍼짐
④ 회귀성 어류의 사체를 통해 인(P)이 육지로 전달
⑤ 인(P)은 풀을 거쳐 대형 초식동물의 배설물로 나옴

출처 : 미국국립과학원회보(PNAS)

니다. 지구에서 가장 작은 생명체인 식물성 플랑크톤은 대기 중 산소의 50% 이상을 생산하고 이산화탄소를 약 370억 톤가량 포집합니다. 식물성 플랑크톤이 1%가 늘어난다면 20억 그루의 나무가 갑자기 나타나는 효과라고 합니다. 고래가 전 세계 바다를 자유롭게 이동하고 번식한다면 식물성 플랑크톤도 잘 자랄 수 있는 해양 환경이 만들어집니다. 그렇게 되어 식물성 플랑크톤이 더 많은 이산화탄소를 포집하면 기후위기를 해결할 수 있지 않을까요?

이산화탄소 흡수 창고

고래는 몸속 지방과 단백질 사이에 엄청난 양의 이산화탄소를 저장합니다. 고래는 사는 동안 몸에 이산화탄소를 축적하고 죽으면 바다 밑으로 가라앉습니다. 이때 고래 한 마리가 바다 밑으로 가져가는 이산화탄소는 평균 33톤 정도입니다. 나무 한 그루가 매년 흡수하는 이산화탄소의 양이 약 22kg인 것과 비교해보면 고래는 바닷속을 떠다니

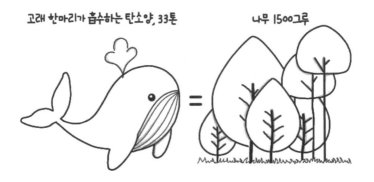

고래 한마리가 흡수하는 탄소양, 33톤   나무 1500그루

는 나무숲이라고 할 수 있지요.

심해 생물들의 먹이

고래가 죽어서 심해에 가라앉으면 심해 생물들의 영양분이 됩니다. 심해 특성상 생물에게 필요한 영양분이 극도로 부족한데, 고래 사체는 길게는 몇십 년 동안 심해 생물에게 영양분을 제공해주지요. 고래가 남긴 뼈 안의 지방은 오세닥스[1]가 먹고, 그 이후 남은 것들은 미생물의 먹이가 된다고 하니, 죽어서까지 아낌없이 주는 고래입니다.

고래는 왜 사라지고 있을까?

바다 생태계를 지금 지키지 않으면 사라질지도 모르는 멸종위기의 고래가 많습니다. 무자비한 고래잡이만이 고래를 위협하는 것은 아닙니다. 대기 중의 이산화탄소 농도의 상승으로 바닷물이 산성화되면서 크릴새우의 개체 수가 감소하여 먹이가 부족해지거나 커다란 선박에 충돌하여 죽음을 맞이하기도 합니다. 또한, 무분별하게 버려진 어업폐기물과 바다 쓰레기를 먹고 죽는 사례도 빈번합니다.

전 세계 바다 곳곳에서 해양 석유 시추 및 파괴적인 어업 등으로 고래가 안전하게 살아갈 해양생태계가 무너지고 있습니다. 지금 고래를 보호하지 않으면 바다에서 영영 사라져버릴 겁니다.

기후 위기를 해결할 바다의 수호신, 고래를 보호하는 일이 바로 지구를 구하는 일입니다.

---

1   고래나 상어 뼈를 갉아먹고 사는 희귀 해양생물, '좀비벌레'라고도 불림

주제 : 기후위기 해결사, 고래

수업 의도 : 우리에게 친근한 바다 동물, 고래. 고래가 왜 바닷속의 숲
인지, 펌프 고래인지, 심지어 똥조차도 중요한지 등에 관해서 질문 놀
이로 고래의 소중한 가치를 함께 알아보고 고래의 미덕을 찾으며 고래
에게 고마운 마음을 전해보도록 한다.

1. 기후변화가 고래에게 주는 영향 알아보기

  ① '줄어든 고래 똥, 지구가 위험해!'를 읽고 짝과 함께 질문 만들기

   • 왜 고래가 기후위기를 해결할 열쇠라고 할까?

   • 고래가 바다의 펌프라고 하는 이유는 뭘까?

   • 고래를 왜 바닷속 나무숲이라고 할까?

   • 고래가 바다 생태계에 어떤 영향을 미칠까?

   • 고래가 사라진다면 어떻게 될까?

   • 고래가 살아서, 죽어서 바다 생태계에 미치는 영향과 어울리는
     미덕은 어떤 것이 있을까?

  ② 자신의 질문에 짝을 바꾸어가며 대화하기

   − 질문에 대하여 짝과 대화하기

   − 기후위기와 고래에 대한 자신의 생각 열기

2. 고래와 우리의 마음 알아보기

  ① 고래는 어떤 마음일까?

    • 생존을 위협받는 고래는 어떤 마음일까?

      : 두려움, 속상함, 공포, 억울함, 슬픔 등

    • 왜 이런 마음들이 생겨났을까?

      : 바다를 위아래로 다니면서 먹이도 먹고 똥도 싸고 하는데 이
것이 모두 바다 생태계에 도움이 되는 활동인데 사람들이 버
린 쓰레기 때문에 뱃속에 쓰레기가 가득 차서 화가 날 것 같음

      : 고래를 마구 잡는 배(사람)를 보며 두렵고 부딪혀서 위험할
거 같은 공포

  ② 멸종위기에 놓인 고래를 바라보는 우리의 마음은?

    • 멸종위기에 놓인 고래를 보며 어떤 마음이 들까?

      : 슬픔, 미안함, 부끄러움, 공포, 두려움 등

    • 왜 부끄러움의 마음이 들까?

      : 인간의 잘못으로 고래가 죽거나 멸종위기에 놓이게 되어서
미안하고 부끄러움

3. 고래를 위해 노력해야 할 일 찾기

  ① 고래를 위해 각자가 노력해야 할 일은?

    – 플라스틱 쓰레기와 어업폐기물을 바다에 버리지 않기

    – 에너지를 절약하고 기후행동가로서 활동을 다짐하고 실천하기

    – 실천하는 자신을 자랑스러워하기

② 고래에게 고마움을 담은 편지 쓰기
  - 고래가 바다 생태계와 우리에게 준 이로움을 알고 감사 편지
    쓰기
  - 감사함을 전하고 자신이 이후 어떤 기후행동을 해야 할지 다짐
    하는 편지 쓰기

꿀벌이 사라지면
인류가 멸종한다고?

꿀벌이 사라졌다.

집 나간 꿀벌을 찾습니다!

벌이 사라지면 우리는 벌벌 떨어야 한다고?

2022년 3월, 집 나간 꿀벌을 찾는 광고가 여기저기에 붙었습니다. 꿀벌 77억 마리나 갑자기 사라진 거죠. 꿀벌 좀 사라졌다고 우리에게 무슨 문제가 생긴다고 집 나간 꿀벌을 찾았을까요?

농작물 수분의 80%를 꿀벌이 담당하고 있습니다. 꿀벌이 사라지면 '사람이 직접 꽃가루받이를 하면 되지'라고 생각할 수도 있습니다. 그런데 꿀벌 한 마리가 하루에 찾아다니는 꽃이 1,000송이 입니다. 사람이 그 정도로 하려면 엄청난 시간과 노력이 필요합니다. 꿀벌이 사라지면 '꽃가루받이'라는 새로운 직업이 생겨날지도 모르겠습니다.

꿀벌이 왜 사라졌을까요? 기후위기와 천적들 때문입니다.

꿀벌 기생충

꿀벌에 기생하는 벌레, '꿀벌응애'가 유난히도 많았는데요. 꿀을 만드는 양봉업계에서는 꿀벌응애를 잡기 위해 살충제를 썼다고 합니다. 그런데 이 살충제를 쓴 지 30년이 넘어서 내성이 생긴 거지요. 결국 인간이 사용한 살충제 때문에 잘 죽지 않는 꿀벌응애가 된 것입니다.

2021년 가을이 너무 추웠어요

9~10월은 꿀벌이 쑥쑥 자라야 하는 달인데요. 이때 너무 추웠던 거예요. 그래서 꿀벌들이 건강을 못 챙기고 말벌에게 많이 잡아먹혔다고 해요.

2022년이 시작되는 겨울이 너무 따뜻했어요

꿀벌은 겨울에 집에 있어요, 그런데 이때 평균기온이 다른 때보다 0.8℃나 높아서 꿀벌이 봄이 온 줄 알고 꿀을 모으러 나간 거죠. 쉬어야 할 때 쉬지 못하니 체력이 떨어져 집으로 돌아오지 못하고 목숨을 잃었다고 합니다.

결국 이상기후 → 면역 약화 → 병해충 → 이상기후의 악재 연결고리가 꿀벌 실종사건을 초래한 것입니다.

꿀벌이 줄어들면 나무는 잘 자라지 못하게 되고 사과, 배, 아몬드, 수박, 참외, 아보카도 같은 과일도 줄어들게 될 것입니다. 꿀벌이 사라지면 엄청난 식량대란이 일어날 것이며 인류의 멸종까지도 염려해야 해요. 꿀벌을 지키기 위한 노력을 실천으로 옮겨보면 어떨까요?

··· **이런 수업 어때요?** ·······································

주제 : 꿀벌이 사라지면 인류가 멸종한다

수업 의도 : 꿀벌이 사라지면 생명의 시작인 수분과 씨앗 맺기가 되지

않는다. 꿀벌이 이상기후로 느꼈을 절망감을 평온함으로 바꿀 수 있도

록 꿀벌의 고마운 점을 찾아 마음에 새기고 편지를 써서 고마운 마음

을 전하도록 한다.

1. 기후변화가 꿀벌에게 주는 영향 알아보기

① '꿀벌이 사라지면 인류가 멸종한다고?'를 짝과 함께 읽고 질문

만들기

- 겨울이 따뜻하면 꿀벌은 어떻게 될까?

- 겨울이 너무 추우면 꿀벌은 어떻게 될까?

- 꿀벌들이 사라지면 우리에게는 어떤 문제가 생길까?

- 꿀벌의 천적들은 왜 생겨났을까?

② 자신의 질문에 짝을 바꾸어가며 대화하기

– 질문에 대하여 짝과 대화하기

– 기후위기와 꿀벌에 대한 자신의 생각 열기

2. 꿀벌과 우리의 마음 알아보기

① 꿀벌은 어떤 마음일까?

- 기후위기에 꿀벌들은 어떤 마음일까?

: 두려움, 속상함, 공포, 반감, 억울함, 슬픔 등

• 왜 이런 마음들이 생겨났을까?

: 자신들이 지구 온도를 올린 것도 아닌데 갑자기 지구 평균기
온이 변하니 빠르게 적응할 수가 없어서

② 사라진 꿀벌을 바라보는 우리의 마음은?

• 꿀벌이 갑자기 사라지니 어떤 마음이 들까?

: 속상함, 슬픔, 두려움, 미안함, 부끄러움 등

• 왜 부끄러움의 마음이 들까?

: 인간의 잘못으로 지구 온도가 올라가서 꿀벌에게 미안해서

3. 꿀벌을 위해 노력할 점 찾기

① 꿀벌의 마음이 평온함이 될 수 있도록 하려면?

- 꿀을 발견하지 못하고 지쳐 땅에 떨어진 꿀벌을 위해 꿀물 또는
설탕물을 학교 화단에 두기

- 에너지를 절약하고 기후행동가로서 활동을 다짐하고 실천하는
자신을 자랑스러워하기

② 고마움을 담은 편지 쓰기

- 꿀벌이 우리에게 준 이로움을 알고 감사 편지 쓰기

- 감사함을 전하고 자신이 이후 어떤 기후행동을 해야 할지 다짐
하는 편지 쓰기

산호의 조난신호, 백화현상

'세계문화유산 그레이트 배리어 리프(Great Barrier Reef)'

세계 최대의 산호초 지대. 알록달록 산호초의 아름다운 빛깔과 함께 5,000여 종의 해양 생물이 어우러져 더욱 아름다운 광경을 볼 수 있는 곳입니다.

그런데 2016년, 2017년, 2020년 대량의 산호초가 아름다운 빛깔을 잃고 하얗게 변하는 백화현상이 나타났습니다.

바로 바다의 산성화와 해수 온도상승 때문입니다. 인류가 배출하는 온실가스 중 1/3이 바다로 흡수되고 그로 인해 바다의 산성화가 과거보다 10배 가까이 빠른 속도로 진행되고 있습니다.

바다의 열대우림

산호는 해양생태계에 없어서는 안 되는 존재입니다. 온갖 해양생물이 산호초에서 서식하고, 번식하고, 먹이를 먹고, 포식자를 피해 숨기도 합니다. 일종의 안식처인 셈이죠. 그러다 보니 자연스럽게 산호초를 기반으로 풍요로운 생태계가 형성됩니다. 산호초를 서식지 삼아 살아가는 물고기 종류만 해도 1,500종에 이르다 보니 산호초는 바다의 열대우림으로 불린답니다.

조난신호, 백화

산호는 동물 중 수명이 가장 깁니다. 환경 조건이 좋으면 수백 년을 살아갑니다. 그런 산호가 죽는다는 것은 서식지 환경이 좋지 않다는 것입니다. 수온, 산성도, 탁도 등 환경 조건의 변화는 산호와 공생조류 간 공생 관계에 직접적으로 영향을 미칩니다.

주변 환경에 극도로 민감한 산호는 서식 환경이 최적이 아니면 공생조류가 산호를 떠나거나 산호가 조류를 쫓아내어 색을 잃고 하얗게 변해갑니다. 공생조류가 떠난 산호는 환경이 좋아지면 다시 살아나기

도 하지만, 백화된 시간이 길어지면 결국 죽음에 이르게 됩니다. 그러니까 산호의 백화현상은 산호가 보내는 조난신호입니다.

바다 이산화탄소 저장소

산호는 이산화탄소를 가장 많이 저장하고 있는 지구의 탄소저장소입니다. 지구 면적의 1%인 산호초가 아마존보다 더 많은 양의 이산화탄소를 처리하고 있다니 놀랍지 않나요? 산호초 속에 사는 수많은 식물성 플랑크톤은 광합성을 통해 이산화탄소를 흡수하고 산소를 만들어내는 중요한 역할을 합니다. 그로 인해 공기 중의 이산화탄소는 줄어들고 산소가 많아지면서 지구 온도가 내려가도록 도와줍니다.

섬 주변의 산호초는 태풍이나 해일의 각도와 강도를 줄여주는 방파제 역할도 합니다. 이처럼 산호는 생명의 토대가 되는 종으로 모든 유기체가 산호에 의존합니다. 이것이 바로 산호가 존재하는 이유이며, 산호가 보내는 마지막 조난신호에 응답해야 하는 이유이기도 합니다.

···· **이런 수업 어때요?** ··

주제 : 산호의 백화현상은 왜 생기는 걸까?

수업 의도 : 산호가 바닷속에서 어떤 역할을 하는지, 왜 백화현상이 생겼는지 질문 놀이로 탐구한다.

1. 기후변화가 산호에 주는 영향 알아보기

　① '산호의 조난신호, 백화현상'을 읽고 짝과 함께 질문 만들기

　　• 산호의 백화현상은 왜 생기는 걸까?

　　• 산호의 백화현상으로 생기는 영향은 어떤 것이 있을까?

　　• 산호는 바다에서 어떤 역할을 할까?

　　• 산호가 왜 중요할까?

　② 자신의 질문에 짝을 바꾸어가며 대화하기

　　– 질문에 대하여 짝과 대화하기

　　– 기후위기와 산호에 대한 자신의 생각 열기

2. 산호와 우리의 마음 알아보기

　① 마지막 조난신호를 보내는 산호의 마음은?

　　• 공생하던 조류도 쫓아내며 하얗게 변해가는 산호는 어떤 마음
　　　으로 조난신호를 보냈을까?

　　　: 두려움, 공포, 위기, 슬픔, 위협 등

　　• 백화현상으로 쫓겨난 조류의 마음은 어떨까?

　　　: 삶의 터전을 빼앗긴 억울함, 슬픔, 두려움 등

　② 하얗게 변한 산호를 바라보는 우리의 마음은?

　　• 하얗게 변한 산호를 보면 어떤 마음이 들까?

　　　: 속상함, 미안함, 두려움 등

　　• 왜 미안한 마음이 들까 ?

　　　: 인간이 배출한 온실가스로 인해 바다가 산성화되고 온도가

올라가서 산호가 죽어가고 있어서

3. 산호를 위해 노력해야 할 점 찾기

① 옥시벤존, 옥티노세이트 성분 없는 화장품 쓰기

- 화장품과 선크림의 주성분인 옥시벤존은 매년 강과 바다에 4만 톤이나 녹아들어 산호초의 죽음과 표백을 일으키는 점 알기

② 고마움을 담은 편지 쓰기

- 산호초에 사는 생물의 입장이 되어 산호에게 감사 편지 쓰기

- 감사함을 전하고 자신이 이후 어떤 기후행동을 해야 할지 다짐하는 편지 쓰기

알아두면 쓸모 있는 기후 잡학사전

산호의 공생

산호는 소화기관을 가진 동물이지만 움직이지 못한답니다. 이 때문에 영양분의 80~90%는 황록공생조류에서 얻습니다. 황록공생조류는 산호가 주는 이산화탄소를 먹고 산호의 몸속에서 살아가면서 광합성을 합니다. 광합성을 통해 만들어진 영양분을 산호에게 주면, 산호는 공생조류가 살아갈 안전한 공간과 이산화탄소를 제공해

줍니다.

황록공생조류의 색에 따라 산호의 색이 결정됩니다. 하지만 서식 환경이 오염되면 황록공생조류의 광합성 기관이 파괴되고, 이때 생기는 해로운 물질이 산호에게 심한 손상을 입히기 때문에 산호가 공생조류를 배출해요. 이때 산호의 색소마저 탈색되기 때문에 산호가 하얗게 변하게 되는데[2] 이것을 백화현상이라고 해요.

2   해양수산부 공식 블로그, 2017

사라진
크리스마스트리

'크리스마스트리'

삼각형 구도의 아름다운 나무가 바로 구상나무입니다.

'살아 100년, 죽어 100년'이라는 별명을 가진, 수천만 년 동안 우리 땅을 지켜온 구상나무가 사라지고 있습니다. 수천만 년 동안 추운 빙하기도 있었고 지금보다 더 지구가 뜨거웠던 적도 있었지만, 구상나무는 굳건히 한반도를 지켰습니다.

수천만 년 동안 기후변화에도 살아남았던 강인한 나무가 사라지는 이유는 무엇일까요? 문제는 온도가 아닌 속도입니다. 10만~20만 년에 걸쳐 서서히 일어나던 기후변화가 지금은 그 속도가 너무 빠르다는 게 문제입니다.

한라산에는 세계 최대 규모의 구상나무 군락지가 있습니다. 서늘한 곳에서 서식하는 구상나무는 지구온난화로 기온이 오르면서 점점 고지대로 밀려났고 서식지가 점점 줄어들고 있습니다. 더 이상 갈 곳

이 없게 되어버렸습니다. 수천 년을 살아온 구상나무도 급격한 기후변화에 적응하지 못하고 벼랑 끝으로 밀려나면서 우리에게 외치고 있습니다.

"기온을 좀 낮춰주세요."

2003년에서 2010년까지, 7년 사이 구상나무 군락지의 30% 이상이 감소한 것으로 조사되어 구상나무는 기후변화 생물지표종으로 지정되기도 했습니다.

고지대로 밀려나 살 땅이 없어지는 것도 문제이지만, 겨울철에 눈이 적게 오거나 빨리 녹아버리는 일도 구상나무를 죽음으로 내몰고 있습니다. 겨울철 눈은 구상나무의 뿌리가 얼지 않도록 보온 역할을 하고 봄철에 천천히 녹으면서 수분공급의 역할을 합니다. 그런데 겨울철에 기온이 높아져 눈이 적게 오고 봄철 가뭄으로 인한 물 부족이 구상나무를 죽게 합니다.

극한 환경에서 고군분투하는 구상나무가 숲을 유지하고 회복할 수 있도록 지금이라도 구상나무의 외침에 응답해야 하지 않을까요?

··· **이런 수업 어때요?** ································

주제 : 구상나무가 살 수 있는 환경 이해하기

수업 의도 : 구상나무에게 겨울의 눈과 봄비가 어떤 역할을 하는지 알아본다.

1. 기후변화가 구상나무에 주는 영향 알아보기

   ① '사라진 크리스마스트리'를 짝과 함께 읽고 질문 만들기

      • 기후변화는 구상나무에게 어떤 영향을 주었을까?

      • 한라산의 구상나무는 왜 점점 죽어가고 있을까?

      • 겨울에 내린 눈은 구상나무에게 어떤 역할을 할까?

      • 따뜻한 날씨 때문에 눈이 적게 오면 구상나무는 어떻게 될까?

      • 구상나무가 말라 죽지 않게 하려면 어떻게 해야 할까?

   ② 자신의 질문에 짝을 바꾸어가며 대화하기

     – 질문에 대하여 짝과 대화하기

     – 기후위기와 구상나무에 대한 자기 생각을 열기

2. 구상나무와 우리의 마음 알아보기

① 구상나무는 어떤 마음일까?

- 기후변화로 점점 살 곳을 잃어가는 구상나무는 어떤 마음일까?

  : 두려움, 슬픔, 외로움 등

- 왜 이런 마음들이 생겨났을까?

  : 기온이 낮은 곳에서 잘 자랄 수 있는데 점점 지구가 따뜻해지
  면서 살 곳이 없어져 가니 두려운 마음이 생겼음.

  : 말라 죽어가는 친구들을 보면서 혼자 남아 외롭고 나도 언젠
  가 말라 죽을지 모르는 슬픈 마음이 들었음.

② 구상나무를 바라보는 우리의 마음은?

- 구상나무가 점점 말라 죽어가고 있는 모습을 보면 어떤 마음
  이 들까?

  : 속상함, 슬픔, 두려움, 미안함, 부끄러움 등

- 왜 그런 마음이 들까?

  : 기후변화로 구상나무가 점점 살 곳을 잃어가고 있어서

3. 우리가 노력해야 할 점 찾기

① 지구 평균기온이 올라가지 않도록 이산화탄소 배출하지 않기

  - 가까운 거리 걸어 다니기

  - 에너지 절약하기

  - 쓰레기 줄이기 등의 기후행동 실천하기

② 구상나무에게 고마움을 담은 편지 쓰기

  - 겨울 크리스마스트리를 멋지게 만들어주는 구상나무에게 감
    사함을 전하고 자신이 이후 어떤 기후행동을 해야 할지 다짐하
    는 편지 쓰기

담배꽁초가 고래 뱃속으로

방학이다. 얘들아, 떠나자.

가족과 함께 제주 한달살이를 결심하고 무메니티[3] 여행을 위해 제로웨이스트 물건을 챙겨서 떠났다. 아이들에게도 환경 실천을 경험시키고자 바다 해변에 버려진 쓰레기를 줍기로 했다. 월령리 마을 주민센터에서 자루 포대를 받고, 장갑을 지원받았다.

'아, 너무 많다. 많아도 너무 많다.'

파도를 타고 해외에서 넘어온 페트병 쓰레기는 뭐 이렇게 많은지. 바다를 떠돌다 해안가로 정착한 플라스틱 부표들, 세상에 이런 쓰레기들이 어떻게 이렇게 많은지 신기할 정도였다.

"엄마, 와봐요. 거북이가 있어요!"

저만치 멀리서 아이가 소리쳤다. 뒤집힌 상태로 이미 부패가 진행되고 있었다. 초록색 그물이 거북이를 덮고 있었다. 사진으로만 보고, 기사로만 접했던 모습을 내 눈으로 접한 충격은 쉽게 가시지 않았다. 얼마나 답답했을지, 살기 위해 얼마나 발버둥을 쳤을지 상상조차 되지

---

3 여행의 숙소에서 제공하는 일회용품인 어메니티를 쓰지 않는다는 의미의 신조어

않았다. 바다 쓰레기에 관한 이야기는 잘 알고 있었지만, 주우러 오니 더 실감이 났다. 그리고 그 장면은 잊혀지지 않았다.

"혹시 동아리 아이들과 담배꽁초 줍기 활동해주실 수 있는지요?"
그러던 어느 날, 한살림 꼬북이 자원순환 단체에서 연락이 왔다. 환경동아리 아이들과 담배꽁초 줍기 활동을 하고 모은 담배꽁초를 보내 달라는 것이었다. 도대체 주운 담배꽁초는 어디에 쓰려고 그러는 걸까? 길거리에 있는 빗물받이에 너무 많은 담배꽁초와 쓰레기가 버려져 있는데, 이 쓰레기들은 나중에 비가 오면 다 바다로 떠내려가고 바다로 간 담배꽁초와 쓰레기는 미세플라스틱이 되어 바다의 환경을 오염시킨다. 이것은 바다 동물의 먹이가 되어 생명을 위협하고 그것은 또 인간에게도 되돌아오는 순환의 과정이기 때문이었다.
활동에 동참하지 않을 이유가 없었다. 물론, 아이들의 손으로 담배꽁초를 집게 하고 쓰레기를 줍게 하는 일이 마음 편하진 않았지만, 일단 그런 상황을 알리는 교육은 필요하다고 생각했다. 나중에 줍깅으로 모은 담배꽁초는 아이들의 편지와 함께 담배회사로 보내졌다. 지속가능한 담배꽁초 문제해결을 요구하는 바람과 함께.

학교 주변의 15개의 빗물받이.
일반쓰레기, 담배꽁초. 이 모든 쓰레기가 바다로 흘러 들어가 고래의 배로 들어간다고? 쓰레기를 줍는 것만으로는 해결되지 않는다. '여기에 쓰레기를 버리지 마세요'라는 말보다 조금 더 직관적인 말이 필요했다.

'빗물받이는 고래의 뱃속, 쓰레기를 버리지 마세요.'

언젠가 비슷한 문구를 보았던 일이 생각나 이 문구를 사용하면 좋겠다는 생각이 들었다. 동아리 아이들의 힘만으로는 부족했기에 도움을 줄 대상을 찾았다. 경상남도자원봉사단. 함께 이 일에 대해 상의했고, 페인팅할 수 있는 재료를 준비해주시겠다고 했다. 빗물받이를 고래의 뱃속으로 표현하기 위해 고래의 몸통과 꼬리는 따로 아크릴판을 준비해 스텐실 기법으로 채워 넣는 방식을 택했다.

활동하는 동안 동아리 아이들은 내내 즐거웠다. 환경 활동을 하는 일이라 즐겁고, 미술 활동이라 즐거운데 자기들이 좋아하는 고래를 보호한다니 더 즐거운 모양이었다. 12월 4일은 야생동물의 날이다. 이렇게 재미있는 활동으로 야생동물을 보호할 수 있다니 그저 뿌듯했나 보다.

빗물받이에 전혀 관심이 없던 학교 아이들과 학부모님들이 완성된 그림을 보고 저마다 소문을 내기 시작했다. 동네 맘카페에도 글이 올라오고 아이들은 여기에 쓰레기를 버리면 안 되겠다고 말하기 시작했다. 작은 일이지만 시작을 했더니 누군가의 눈을 타고, 입을 타고 알려지기 시작했고 고래를 사랑하는 사람들은 쓰레기를 덜 버리기 시작했다.

3장

기후위기는
경제위기

우리가 살아가는 매일,
우리 모두는 지구에 영향을 줍니다.
어떤 영향을 줄 것인지 선택하세요.

제인 구달

호떡값

"인도네시아가 팜유 수출을 금지했데?"

"팜유는 과자 만들 때 사용되잖아. 그러면 과자 못 먹는 거야?"

"아! 라면 튀길 때도 사용되는데, 그러면 라면도?"

태영이의 팜유 기사 한마디가 아이들의 탄식을 자아내었다. 컵라면을 하루에 한 개는 꼭 먹는다는 성민이는 거의 울상이었다.

"난 잘됐다고 생각해. 팜유 때문에 오랑우탄이 죽고, 숲이 파괴되고 있거든."

"잘 되긴 뭐가 잘 되었니? 팜유 가격이 오르면 과자값도 오르고, 라면값도 오르니까 우리 경제가 엉망이 되잖아."

"맞아, 3개 2,000원 하던 호떡이 이제는 1개에 1,500원 하더라."

팜유 이야기가 오랑우탄에서 이제는 경제로까지 논쟁에 불이 붙었다.

"선생님, 호떡값은 왜 올랐을까요?"

"기후위기 때문이지. 2022년 인도의 봄, 때 이른 폭염이 찾아왔지. 이로 인해서 인도 밀 수확량이 감소하게 되고, 밀수출을 중단하게 되지. 그런데 미국의 밀 생산량도 최근 기상이변으로 줄어들었어, 그래서 우리가 사용하는 밀가루 가격도 상승한 거야."

아! 다른 나라의 기상이변이 우리나라 먹거리 가격을 올린 거였어?

물 부족은
식량부족으로

보이지 않는 물

'가상수'라는 말을 들어보셨나요? 가상세계, 가상현실은 들어보셨지요? 가상현실은 보이지 않는 세계를 사람들이 실제처럼 체험하게 만든 가상의 세계입니다. 가상수 역시 현대의 최첨단 기술이 만든 것은 아닐까 하는 생각이 듭니다. 가상수는 말 그대로 눈에 보이지 않는, 실체가 없는 물입니다. 물은 원래 보이고 느껴지는 것이 정상인데, 가상에 존재하기 때문에 잡을 수도 없고 느낄 수도 없습니다. 오로지 인식을 해야만 느낄 수 있는 물입니다. 보이지도 만져지지도 않는 이 가상수를 우리나라는 엄청나게 수입을 하고 있습니다.

'커피 한 잔을 위해 실제 사용되는 물은 467잔.'

커피 한 잔에는 커피콩 재배, 수확, 유통을 거쳐 소비될 때까지 들어가는 모든 물의 양이 포함됩니다. 커피콩이 수입되어 올 때 이미 보이지 않는 물도 함께 수입되어 온다는 의미입니다.

'나는 커피를 안 마시니 괜찮아!'라는 생각이 드시나요? 우리가 먹고 마시고 입는 생활의 모든 곳에 가상수가 존재합니다. 우리나라의 식량 자급률은 23%에 불과합니다. 나머지는 수입에 의존하고 있지요. 식품들이 수입되어 올 때 가상수도 함께 오는 것이지요. 우리는 의식하지 못하는 사이에 많은 물을 소비하고 있습니다. 우리나라는 세계 제5위의 가상수 수입국입니다.

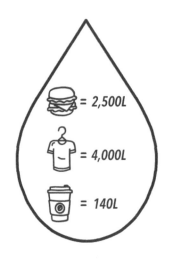

물 부족으로 생기는 문제

우리나라가 물 부족 국가인데도 그것을 인식하지 못하는 것은 가상수 때문입니다. 또한, 댐과 상하수도 시설과 같은 국가의 수자원 정책 덕분에 아직은 못 느끼고 있을 뿐입니다. 그러나 아무리 잘 관리한다고 해도 기후위기로 인한 강수량의 변화까지는 조절할 수 없습니다.

아프리카 킬리만자로의 빙하가 사라져 이에 의존하던 동아프리카 사람들은 물의 주요한 원천을 잃어버리고 식량을 재배하기 어려워졌습니다. 이처럼 석유를 대신할 에너지는 태양, 바람, 원자력 등이 있을 수 있지만, 물을 대체할 수 있는 것은 아무것도 없습니다. 문제는 기후위기로 강수량의 변동은 크고 다른 나라의 물 부족 사태가 바로 우리나라의 식량위기가 된다는 것이지요.

라이벌(rival)의 어원을 아시나요?

강(river)을 뜻하는 리부스(rivus)에서 유래했다고 합니다. 강을 두고 물을 사용하기 위한 경쟁을 벌였기 때문이라고 합니다. 가뭄이 발생하면 물싸움은 불 보듯 뻔한 일입니다. 인간은 물 없이는 살 수 없기 때문이지요. 물 부족과 식량위기는 안보의 위기가 될 수 있습니다. 기후위기 문제에서 가장 걱정되는 것은 무엇보다 물 부족 현상입니다.

···· 이런 수업 어때요? ··

주제 : 일상생활 속 가상수 이해하기

수업 의도 : 생활 속 가상수를 계산해보고 물 부족에 대한 인식을 갖게 한다.

1. 가상수와 식량 문제 이해하기

① '물 부족은 식량부족으로' 글 읽고 질문 만들기

– 짝과 함께 소리 내어 글을 읽고 질문 만들기

- 커피 한 잔을 마시기 위해서는 물이 얼마나 필요할까?

- 물이 부족하면 경제가 어려워질까?

- 먹는 것 이외에도 옷이나 의류에도 가상수가 생길까?

- 다른 나라는 물 부족이 얼마나 심각할까?

- 우리나라가 물 부족이 되지 않으려면 어떻게 해야 할까?

- 물을 잘 관리하면 물 부족을 극복할 수 있을까?

② 자신의 질문에 짝을 바꾸어가며 대화하기

- 학생 스스로 만든 질문에 짝과 대화하며 가상수, 식량 수입 등에 대한 생각 열기

③ 가상수 개념 이해하여 짝에게 설명하기

- 밀 10kg, 쌀 10kg, 쇠고기 5kg을 수입한다면 가상수는 얼마나 수입되어 올까?

(밀 1kg 생산에 물 1,500ml, 쌀 1kg 생산에 3,400ml, 쇠고기 1kg생산에 1만 5,000ml)

2. 내가 먹는 물 계산하기(가상수 포함)

① 가정에서 구입하는 식품류들의 원재료 수입국 조사하기

- 대두(미국산), 팜유(인도네시아), 쇠고기(호주산)

② 밥 한 공기에 포함된 물 사용량 계산하기

- 계산 기준 : 밥 한 공기 쌀 200g, 밥을 하기 위한 물양은 쌀의 1.4배, 쌀 1kg 생산하는 데 3,400ml(밥 한 공기에 든 물의 양 980ml)

- 음식을 할 때 실제 사용한 물은 계산하기 쉽지만, 가상수를 모

두 포함하기는 어렵기 때문에 밥 한 공기를 기준으로 계산해

보기

③일주일 동안 우리 가족이 먹은 물의 양 계산하기

 - 4인 가족 × 하루 3끼 × 7일 × 980ml = 82,320ml

(2L 생수 42병 필요, 생수병이나 콜라병으로 변환하면 시각적으로 느껴지기 때

문에 더 실감 나게 인식하는 효과가 있음)

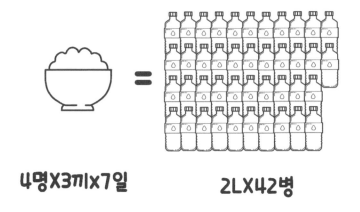

4명X3끼x7일   **2LX42병**

④자신이 사용한 물의 양에 대해 느낀 점 이야기하기

3. 물을 어떻게 관리하여 물 부족을 극복할까?

①물을 어떻게 사용해야 할까?

 - 자신이 실천할 수 있는 물 절약 방법을 찾아서 이야기하기

②배움 글쓰기

 - 물 부족 및 식량 부족과 관련하여 실천의지 담아 글쓰기

우리 집 수돗물 72%가 화장실에서 쓰인다

절약 방법

- 6리터급 변기나 9리터급 변기를 설치한다.(보통 변기는 13리터급)

- 물을 채운 병이나 벽돌을 물탱크 안에 넣어둔다.

- 대 · 소변 버튼이 따로 있는 절수형 변기를 설치한다.

- 물탱크 안에 '절수기'라는 양변기용 절수 부속을 설치한다.

화장실에서 대표적인 물 낭비 3가지

1. 용변 전이나 용변 도중에 한차례 물을 더 내린다.

2. 휴지나 작은 쓰레기를 변기에 넣은 후 물을 내린다.

3. 변기 물탱크 불량 등으로 아까운 수돗물이 샌다.

기후위기 시대의
현명한 소비

"어떤 걸 사지?"

마트에 가서 라면 하나를 살 때도 우리는 고민을 합니다. 좋아하는 것이 분명하다면 구입하기가 훨씬 쉽습니다. 그러나 가격도 확인해야 하고 품질도 확인해봅니다. 가성비를 따지게 되지요. 이른바 가격 대비 성능이 좋은 제품을 구매하고자 하는 욕구가 생기기 마련입니다. 가진 돈으로 구매하기 위해 필요한 물건의 우선순위를 정합니다. 또 선택 기준에 따라 여러 물건을 비교하고 평가해서 가장 좋은 것을 고르려고 합니다.

품질, 디자인, 가격 등을 모두 고려해 적은 비용으로 큰 만족감을 얻으려고 선택하는 것을 우리는 '합리적 선택'이라고 합니다. 하지만 상표나 품질, 디자인을 고려해서 비싸더라도 우수한 물건이나 자신이 좋아하는 물건을 선택하는 경우도 많습니다. 이럴 때는 합리적인 선택이 아닐까요?

합리적 선택에서 가장 중요한 것은 개인의 '만족감'입니다. 사람마다 살아가는 방식과 추구하는 가치가 다르기 때문에 합리적 선택의 과정과 결과는 다를 수밖에 없습니다.

'지금은 기후위기 시대'

시대가 바뀌고 있다는 것은 경제활동에 변화가 생긴다는 의미입니다. 지금까지 소비하고 생산하던 방식에서 기후위기 시대에 맞게 생각하고 경제활동을 유지해갈 필요가 있습니다.

사회과에 등장하는 경제활동 수업을 소비나 생산을 '기후위기 시대'라는 단어를 넣어서 생각해보는 수업으로 진행하면 어떨까요?

··· 이런 수업 어때요? ·································

주제 : 기후위기 시대, 가계의 합리적 선택 기준 찾기

수업 의도 : 기후위기 시대는 기존의 경제활동 및 삶의 방식에서 벗어나야 한다. 기후위기 시대의 시장경제의 방향과 합리적 소비 방법을 알고 실천할 수 있도록 한다.

1. 사회 경제 정보 습득하기

① '기후위기 시대의 현명한 소비'를 읽고 짝과 함께 질문 만들기
   - 교과서에 해당 내용이 있을 때는 교과서 활용하기
   • 합리적 소비란 싼 것을 사는 것일까?

- 가격이 비싸도 좋은 물건을 사는 게 맞을까?
② 질문 교환 학습 대화를 통해 생각 넓히기
  - 자신이 대화하고 싶은 질문을 선택하여 짝과 대화하기
  - 짝의 질문과 대화로 선택 기준의 다양함 인식하기

2. 소비자의 선택 기준은?

① 자신의 소비기준 이야기 나누기
  - 만족감을 높이려면 어떤 선택을 해야 할까?
  - 가치를 추구하는 소비란 어떤 의미일까?
② 짝 대화를 통해 소비자가 제품을 선택할 때의 기준을 다양하게 찾기
  - 캐릭터, 가격, 실용성, 디자인, 품질, 재질, 기능 등
③ 전체 공유 피드백 : 필요성, 재질, 생산지, 유행
④ 자신만의 소비기준 순서 찾기
  - 필요성, 가격, 디자인 등 소비에는 다양한 기준이 적용되고 있음을 알게 한다.

3. 기후위기 시대의 소비자 합리적 선택 기준은?

① 볼펜에도 생명이 있다 vs 없다(논쟁)
  - 기후위기 시대의 합리적 소비자가 되기 위해 고민하고 기준이 바뀌고 있음에 대한 딜레마 상황이 되도록 한다.
② 기후위기 시대의 선택 기준은 어떻게 바뀌어야 할까?

- 지구적 소비와 윤리적 소비에 대해 생각해보기

- 기후위기 시대의 합리적 소비에 대해 생각해보기

- 지구를 생각하는 소비에 대해 생각해보기

③ 배움 글쓰기

- 기후위기 시대 자신만의 선택 기준 짝에게 설명하고 글쓰기

가계의 합리적 선택

어떤 물건을 먼저 살지 우선순위를 정해봐요

좋은 물건을 사려면 어떤 점을 고려해야 할지 선택 기준을 세우는게 좋겠어요

에너지 절감형(절전형) 텔레비젼을 선택하면 좋겠어요

선택 기준에 따라 여러 물건을 비교하고 평가해서 가장 좋은 것을 골라요

가계는 소득의 범위 안에서 적은 비용으로 가장 큰 만족을 얻도록 합리적 소비하는 것이 필요하다. 합리적 선택이란 품질, 디자인, 가격 등을 고려해 가장 적은 비용으로 큰 만족감을 얻도록 선택하는 것이다. 가격이 비싸더라도 자신의 기호에 따라 물건을 선택하기도 한다.

같은 가격이라면 다양한 기능이 있는 컴퓨터를 선택해야지

같은 조건이면 더 싼 컴퓨터가 좋겠어

컴퓨터 사양도 중요하지만 모니터가 큰 것이 더 좋아

무상 관리 서비스를 오래 받을 수 있는 컴퓨터를 고르겠어

모두가 함께하는
ESG 경영

'어떻게 회사 대표와 임원들이 그럴 수 있지?'

잘나가던 회사의 차기 대표와 임원이 수백억 원어치의 주식을 매각하면서 그 회사의 주가가 3%나 떨어지고 그 영향으로 회사의 수익률이 14.7%까지 떨어졌습니다. 비판이 거세어지자 대표의 사퇴까지 이루어집니다. 한 회사를 이끌어가는 대표는 기업경영의 사회적 책임을 가져야 한다는 사회의 요구가 반영된 것이지요.

기업이 지속 성장하기 위해서는 사회적 책임경영과 투명경영이 이루어져야 합니다. 그뿐만이 아닙니다. 기후환경 문제에 대해 고민하고 지구환경을 지키는 방향으로 기업을 운영해야 합니다. 또한 계층이나 성별, 국가 간 차별을 해소하고 지구시민으로 함께 번영을 추구해야 합니다. 이것이 바로 ESG 경영입니다.

ESG의 의미는 다음과 같습니다.

환경(Environment)

기업은 기후위기를 해결하기 위해 노력해야 해요. 환경오염과 자원 위기를 해결하는 방법을 고민하고, 사람과 환경에 해를 주지 않는 안전한 제품을 만들기 위해 노력해야 합니다. 기후위기에 대응하는 친환경 기술이 대표적입니다.

사회(Social)

기업은 다양한 인종과 학력, 성별 등을 차별하지 않고 직원을 고용하고, 산업 현장의 위험성을 개선해야 해요. 그리고 개방적이고 공정하게 거래해야 하지요.

지배구조(Governance)

기업이 올바른 ESG 활동을 할 수 있도록 이사회를 구성하고 활동을 지원해야 합니다. 이익은 경영자와 직원, 주주가 함께 공정하게 나눌 수 있어야 해요.

··· **이런 수업 어때요?** ·······································

주제 : 기후위기 시대, 기업의 합리적 선택 기준은?

수업 의도 : 기후위기에 따라 기업의 합리적 선택 기준이 바뀜을 이해하고 RE100, ESG 등 기업이 갖추어야 할 태도를 알아본다.

1. 사회 경제 정보 습득하기

① '모두가 함께 하는 ESG경영'을 읽고 짝과 함께 질문 만들기

• 기업 이윤 추구 방식은?

• 가격이 비싸도 좋은 물건을 사는 게 맞을까?

② 질문 교환 학습 대화를 통해 생각 넓히기

– 자신이 대화하고 싶은 질문 선택하여 짝과 대화하기

– 짝의 질문과 대화로 선택 기준의 다양함 인식하기

2. 생산자의 합리적 선택 기준은?

① 짝 대화를 통해 생산자가 제품을 생산 판매할 때의 기준을 다양
하게 찾기

– 디자인, 유행, 성능, 품질, 만족도, 생산지, 가격, 필요성 등

② I am ground[4] 놀이를 통해 전체 공유 피드백

– 홍보 광고 등

3. 기후위기 시대를 살기 위한 생산자의 합리적 선택 기준은?

① 기후위기로 인해 세계가 생산자(기업)에게 요구하는 것은?

– ESG : 기업의 비재무적 요소인 환경(Environment) · 사회(Social) ·
지배구조(Governance). 개별 기업을 넘어서 자본시장에서의 생존
성패 가름

– RE100 : 기업이 사용하는 전력 100%를 재생에너지로 충당하

---

4   4박자 박수놀이. 9장의 고래를 삼킨 바다 쓰레기 영상 참조

겠다는 캠페인

- 탄소가격제(Carbon Pricing) : 탄소배출에 가격을 부여하여 배출
  주체에게 온실가스 배출 비용을 부담하도록 하는 제도
② 기후위기 시대의 선택 기준은 어떻게 바뀌어야 할까?
  - 시대에 따른 생산의 방식과 지구적 관점, 소비자의 의식 변화
    등을 생각하며 짝 대화하고 공유하기
③ 배움 글쓰기
  - 내가 기업가라면 어떻게 할지 글 쓰고 발표하기

기업의 합리적 선택

*회사에서는 어떤 고민을 할까?

* 필통을 어떻게 생산해야 할까요?

* 기업은 소비자가 어떤 물건을 좋아하는지 분석해서 물건을 많이 팔 방법을 생각한다.

인류를 구할
식량

악마의 식량

안데스산맥의 고원, 한 잉카 마을에서 발견된 묘하게 생긴 열매.

에스파냐의 교회에서 이상하게 생겼다고 저주합니다. 줄기는 뱀처럼 가늘고 길며 열매는 땅 위가 아니라 땅속에서 맺기 때문입니다. 당시 유럽에는 줄기식물이 없었고 이것을 날것으로 먹으면 복통은 물론 심하면 목숨을 잃기도 했습니다. 바로 감자입니다.

에스파냐 왕실은 '악마의 식량'이라고 멀리했지만, 서민에게는 배고픔을 잊게 해준 하늘에서 내려준 축복의 선물입니다. 에스파냐에 들어온 지 100여 년이 지난 1630년대에 이르러 전 유럽 대륙에 퍼진 감자는 인류의 먹고사는 문제를 해결해주게 됩니다. 감자가 가져다준 식량 혁명으로 인구도 늘어나게 되지요. 인구가 늘어나면서 경제활동이 활발해지고 여기저기에 도시가 생겨납니다.

"감자 한 개는 보약보다 낫다."

악마의 식량이라고 불렸던 감자지만, 보약보다 나은 행보를 보여줍니다. 비타민 C가 풍부한데 삶거나 조리를 해도 거의 파괴가 되지 않습니다. 17세기 후반에 감자는 유럽 대륙을 넘어 러시아까지 퍼집니다. 감자는 냉대, 열대를 제외하고 모든 기후에서 재배되었습니다.

갑자기 왜 감자 이야기냐고요?

감자만이 아니라 우리 식탁에 오르는 많은 농작물은 지구촌 여러 곳에서 왔습니다. 지금은 우리 지역에서 적응하고 재배되어 마치 처음부터 우리의 것이었던 양 지내고 있습니다. 배추는 중국, 고추는 멕시코, 쌀은 인도에서 왔습니다. 원산지를 떠나서 우리나라에 오기까지의 긴 여정이 인류의 역사이기도 합니다.

지금 준비해야 할 미래의 식량

기후가 변하면 식물들이 적응하여 생존하기가 어렵습니다. 이러한 기후변화로 수확되는 작물도 달라집니다. 지금은 먹거리로 재배되지만, 기후변화로 그 먹거리는 달라질 것입니다. 미래에 먹거리로 살아남을 수 있는 것은 무엇이 있을까요? 요즘은 기후환경과 건강의 이유로 채식에 관심이 많습니다. 그래서 대체육을 찾지요. 대체육은 식물 단백질로 고기와 비슷한 맛을 구현한 것입니다. 대체육을 만든 돈가스의 내용물을 보니 콩, 밀, 버섯, 당근, 감자 등이 있습니다. 그런데 이 대체육도 역시 식물이 자라야만 가능한 것입니다.

미래의 식량은 지금 당장 준비해야 합니다. 가뭄과 홍수, 더위와 추위에도 견디어내고 인류를 구할 식량은 무엇이 있을까요?

주제 : 인류를 구하는 먹거리 찾기

수업 의도 : 음식은 삶을 살아가는 데 가장 기초적인 경제활동 요소이 다. 미래의 먹거리에 대한 고민을 해봄으로써 기후위기가 가져올 미래 사회를 함께 고민해볼 수 있도록 한다.

1. 현재의 식량 및 먹거리의 문제 살펴보기

　① '인류를 구할 식량'을 읽고 짝과 함께 읽고 질문 만들기

　　• 인도에 왜 때 이른 폭염이 찾아왔을까?

　　• 우리나라는 밀을 심지 않나?

　　• 우리나라의 식량 수입은 얼마나 될까?

　　• 밀 가격이 오른다고 다른 물가도 오를까?

　② 질문 교환 학습 대화를 통해 생각 넓히기

2. 기후변동에 살아남을 식량 찾기

　① 영화 '마션'에서 감자 키우는 장면 시청하기

　② 화성의 기후환경 살펴보기

　　- 낮은 기압, 높은 이산화탄소, 평균온도 영하 80℃

　③ 주인공이 감자를 선택한 이유 알아보기

　　- 감자는 불리한 조건에서도 잘 자라는 대표적 구황작물

　　- 칼로리 및 비타민 C, 탄수화물, 마그네슘 등 필수영양소 제공

④ 주인공의 노력 찾기

   – 흙, 주인공 똥(인과 질소), 물(우주선 연료와 산소 결합)

3. 기후위기 시대 식량 문제 해결하기

  ① 기후위기 시대의 식량 문제에 내가 하고 싶은 일 찾기

    – 채식 위주의 식단

    – 식량 문제 알아보기

    – 식량 개발 프로그램 찾아보기

  ② 배움 글쓰기

    – 먹거리에 대한 자신의 생각 글쓰기

그래서 지금, 계속 헤어지는 중입니다

'앗싸! 오늘의 주차 자리도 현관과 가장 가까운 곳.'

'와우! 엘리베이터가 1층에 있다. 나이스!'

저는 걷는 걸 싫어해서 조금이라도 덜 걸으려고 합니다. '나 하나 엘리베이터 안 탄다고 지구에 무슨 영향이나 있겠어?'라고 생각하던 저의 일상적인 아침입니다.

다들 지구의 빙하가 녹는다고 걱정을 합니다. 하지만 저는 빙하가 녹으면 얼음 밑에 있는 땅을 사용할 수 있으니 우리가 살 수 있는 땅이 더 넓어진다고 생각하는 사람입니다.

그랬던 사람입니다.

그랬는데, 그렇게 살고 있었는데, 2020년 새로 오신 양경윤 수석선생님께서 책 한 권을 내밀며 같이 읽자 합니다. 『파란하늘 빨간지구』입니다. 지구과학 이야기인가? 기후 이야기랍니다. 관심도 없고 책읽을 시간도 없는데 다른 선생님들도 한다고 하니 엉겁결에 시작하게 되었습니다.

낯선 영역이었지만 모르던 부분을 알게 되는 재미가 있었고, 그동안 모르면서 알고 있다고 착각하고 있었음을 깨달았습니다. 그리고 곧 무서워졌지요. 지구 시스템은 거대한 톱니바퀴처럼 연결되어 있어 한 번 굴러가기 시작하면 멈추기 어려운데, 이미 우리는 지구 기온상승의 작은 톱니바퀴들을 건드려 놓았네요. 황폐해진 지구를 떠나 인류가 살 곳을 찾는 수많은 SF영화의 장면도 머리를 스칩니다.

'우리 집 아이들은 아직 초등학생인데, 이 아이들이 20대가 되면….'

20대 청춘의 아름다움이 느껴지지 않았습니다. 내 아이들에게 무슨 죄인가 하는 생각이 들었습니다. 여기까지 생각하게 되니 내가 할 수 있는 것이 아무리 작더라도 해야 할 것만 같았습니다. 기후행동가나 지구를 위해 채식을 하는 분들처럼 다 할 수는 없지만, 엘리베이터 다섯 번 탈 거 한 번만 타고 기후위기 주제로 수업도 해보았습니다.

함께하는 선생님들이 계시니 수업 실천에 용기를 낼 수 있었습니다. 『고래를 삼킨 바다 쓰레기』로 수업을 하면서 점차 교과 수업에 융합해 나가기 시작했습니다. 그러던 어느 날이었습니다.

"선생님, 저희가 학교 오는데요, 길에 쓰레기가 담배꽁초와 일회용 플라스틱 컵이 너무 많았어요! 더러워요!"

"그래서 너희가 스스로 주운 거야?"

"그럼요! 길에 있는 쓰레기는 비가 오거나 바람이 불면 하수구로 가고 하천에서 바다로 가잖아요. 그래서 주우며 왔어요."

세상에, 플라스틱 쓰레기 문제의 심각성을 알고, 우리 집 쓰레기 조사 좀 했다고, 쓰레기를 주우며 학교에 오는 학생들이라니요! 제가 감동을 받아서 어쩔 줄 몰랐습니다.

　이제야 좀 깨달았습니다. 문제의 원인을 제대로 인식하면 그것이 동기가 되어 스스로 실천하게 된다는 것을요. 수업이 왜 바뀌어야 했는지 알게 되었습니다. 교사로서 해야 할 일은 아이들에게 동기를 유발하는 일이라는 것을요. 아이들이 제 실천의 동기가 되고 나의 노력은 아이들에게 실천 동기가 되었습니다.

　저는 여전히 커피를 마십니다.

　모든 것을 동시에 포기하기엔 제가 아직 부족하기 때문입니다. 커피도 마시고, 고기도 먹고, 운전도 하는 제가 부끄럽고 죄책감이 들기도 합니다. 그러나 지금 제가 하는 실천을 무조건 응원하기로 했습니다. '우리가 정말 기후위기를 멈출 수 있을까?'라는 생각이 여전히 두더지처럼 불쑥불쑥 올라오지만, 그냥 내가 할 수 있는 작은 것 하나라도 해보려 합니다.

　그래서 지금, 계속 헤어지는 중입니다. 예전의 편리함과….

4장

지구를 살리는
기후행동가

사업은 수단, 지구는 목적.
인간도 자연이 창조한 대형 동물이다.
그러므로 멸종에서 자유롭다고 할 수 없다.

이본 쉬나드

나도 기후행동가

"태영아, 손에 든 게 뭐니?"

"학교 오는 길에 플라스틱 쓰레기가 떨어져 있어서 주웠어, 진짜 화가 날 정도로 많더라구."

"와! 태영이 멋지다. 역시 기후환경가답다."

성민이가 엄지 척을 하면서 태영이를 칭찬했다. 태영이 손을 보니 엄청 더러웠다. 쓰레기를 맨손으로 줍고 온 것이다. 그런데도 태영이는 환하게 웃고 있었다. 나도 평소 일회용 컵도 안 쓰고 재활용 분리수거도 잘하고 있어서 환경에 있어 나름 자부심이 있었지만, 태영이의 손을 보니 조금 부끄러워졌다.

"태영아, 우리 쓰레기봉투, 집게 들고 같이 줍자."

성민이가 선뜻 자신도 하겠다고 나섰다. 그럼 나도 해볼까 잠시 고민하는 찰나 태영이가 큰 소리로 말했다.

"애들아, 우리 반 모두 같이 할래?"

좋아, 좋아. 여기저기서 아이들이 함께하겠다는 목소리가 들려왔다. 나도 손을 번쩍 들었다.

"나도!"

오션클린업,
보얀 슬랫

바다가 쓰레기를 품은 것인지, 쓰레기가 바다를 품은 것인지 모를 상태가 된 현실에 굴하지 않고 지구를 지키려는 사람들이 있습니다. 오션클린업(The Ocean Cleanup)의 보얀 슬랫(Boyan Slat)은 지구와 바다를 모두 깨끗하게 만들겠다는 이상을 품고 그것을 실현해가고 있습니다. 그의 미덕을 살펴보고 전 지구적 생각을 실천해봅시다.

바다 위의 행복한 청소부

네덜란드 소년 보얀 슬랫은 16살 때 아버지와 함께 바다로 서핑을 나갔다가 바다에 물고기보다 비닐봉지가 더 많이 떠다니는 것을 보고 충격을 받았습니다. 이후 직접 바다로 가서 쓰레기를 주우려고 했지만, 바다 위를 둥둥 떠다니는 플라스틱 쓰레기를 수거하는 것은 쉬운 일이 아니었습니다.

'어떻게 하면 바닷속 플라스틱을 청소할 수 있을까?'

보얀 슬랫은 바다 쓰레기를 없애고 싶은 마음이 간절했습니다.

"해류는 장애물이 아니라 해결책입니다. 플라스틱 쓰레기가 저절로 나에게 오게 하면 됩니다!"

거대한 배로 바다 쓰레기를 그물로 끌어올리려고 해도 파도가 치고 해류를 따라 이동하기 때문에 바다 플라스틱 쓰레기를 수거하는 데는 한계가 있었습니다. 그런데 이 해류를 역이용하는 발상을 한 것입니다. 시계방향으로 원을 그리며 소용돌이치는 북태평양 해류를 이용해 바다에 떠다니는 플라스틱은 가두고 바닷속 생물은 자유롭게 오갈 수 있는 특수한 울타리를 치는 것이 보얀 슬랫의 계획이었습니다.

처음 보얀 슬랫이 아이디어를 발표했을 때 세계 전문가와 많은 사람이 현실적으로 불가능하다고 조롱했습니다. 그러나 보얀 슬랫의 아이디어는 또 다른 누군가에게는 감동을 주었고, 과학자를 비롯한 많은 사람이 보얀의 꿈을 지지해주었습니다.

2013년 보얀 슬랫은 대학을 중퇴하고 오션클린업이라는 비영리단체를 세웠습니다. 그러 다음 자신과 뜻을 함께하는 사람들과 함께 오션클린업 프로젝트를 잔행했습니다. 연구를 진행하면서 오션클린업은 10년 이내에 태평양 쓰레기의 절반을 없앨 수 있다는 것을 과학적으로 증명했습니다. 이러한 방식은 직접 배를 타고 쓰레기를 수거하는 것보다 비용이 1/33 정도로 줄어들고 속도는 7,900배나 더 빠르다고 합니다.

··· 이런 수업 어때요? ·······························

주제 : 보안 슬랫의 미덕 찾기

수업 의도 : 보안 슬랫의 행동과 말에서 미덕을 찾아보고 내가 실천할
수 있는 활동과 미덕으로 연결하여 내면화하도록 한다.

1. 보안 슬랫 인물 탐구

① '오션클린업, 보안 슬랫' 글 읽고 짝과 함께 질문 만들기

- 보안 슬랫은 바다 쓰레기를 없애기 위해 어떤 노력을 했을까?

- 어떻게 해류를 생각해낼 수 있었을까?

- 자신의 아이디어를 조롱당했을 때 기분이 어땠을까?

- 보안 슬랫은 대학을 중퇴할 만큼 바다 청소가 중요했을까?

- 자신의 생각이 실현 가능하다는 것을 증명하기까지 얼마나 힘
  들었을까?

② 자신의 질문에 짝을 바꾸어가며 대화하기

- 질문에 대하여 짝과 대화하며 바다 쓰레기, 보안 슬랫, 아이디
  어 등 자신의 생각 열기

③ 보안 슬랫 영상 보기

- 각 언론에 소개된 오션클린업의 바다 쓰레기 수거 영상 보기[5]

---

5   사상 최대의 해양쓰레기 수거 작전 – 보안 슬랫, 유튜브 영상

2. 보안 슬랫의 미덕 찾기

① 버츄프로젝트의 미덕 카드를 활용하여 보안 슬랫이 빛낸 미덕 찾기

② 미덕을 선택한 이유를 짝 대화하기

- 직접 바다로 가서 쓰레기를 주우려고(봉사, 목적의식, 열정)

- 바다 쓰레기를 없애고 싶은 마음이 간절함(사려, 소신, 열정)

- 해류를 반대로 역이용하는 발상을 함(창의성, 탁월함)

- 대학을 중퇴하고 오션클린업이라는 비영리단체를 세움(용기, 이상 품기, 정의로움, 한결같음)

- 자신과 뜻을 함께하는 사람들과 오션클린업 프로젝트를 진행 (협동, 화합, 유연성)

- 태평양 쓰레기의 절반을 없앨 수 있다는 것을 과학적으로 증명 (끈기, 기뻐함, 인내)

3. 지구 환경을 위해 내가 빛낼 미덕 찾기

① 보안 슬랫이 발휘한 미덕 찾기

- 자신도 가질 수 있는 미덕 찾아보기

- 미덕을 선택한 이유 설명하기

② 배움 글쓰기

- 보안 슬랫의 미덕과 자신이 실천하고자 하는 활동을 연결하여 글쓰기

파타고니아,
이본 쉬나드

'나 하나쯤이야 지구에 얼마나 영향을 미치겠어' 하는 생각이 들겠지만, 그런 '나 하나쯤이야'가 전 세계적으로는 70억 명이 되는 것입니다. 물건을 만드는 하나하나의 과정에서 어떻게 하면 지구에 손상을 줄이고 공존할 수 있는지에 대해 연구하고 실천한 파타고니아(Patagonia)의 이본 쉬나드(Yvon Chouinard)의 미덕을 살펴보고 전 지구적 생각을 실천해봅시다.

사업은 환경을 보호하기 위한 수단

"환경을 위해 우리 옷 사지 마세요."

스포츠에 관심 있는 사람이면 누구나 한 번쯤 들어보았을 파타고니아. 환경에 최대한 피해가 가지 않는 제품을 만들고, 심지어 환경보호를 위해 '우리 옷을 사지 마세요'라고 광고를 내기도 했습니다.

이본 쉬나드가 암벽등반장비회사를 세우고 처음 만든 제품은 피톤

(piton)입니다. 피톤은 암벽을 오르기 위해 갈라진 바위틈에 끼우는 중간확보물인데, 바위틈에 끼우는 것이다 보니 잘 회수되지 않고 자연을 훼손했습니다. 산을 사랑하는 이본 쉬나드는 바위를 훼손하지 않고 회수도 가능한 초크를 만들어 팔기 시작했습니다.

그러다 환경 위기에 대한 해법을 모색하면서 의류 사업을 진행하게 되었습니다. 환경 피해를 줄인 기능성 원단인 캐필린(Capilene)과 신칠라(Synchilla)를 개발했으며, 모든 면제품을 유기농 목화로 제작했습니다. 또한, 매출의 1%를 자연환경 보존과 복구를 위해 사용하도록 지구세(Earth Tax)를 도입했습니다. 나아가 고객들이 의류 쓰레기를 늘리지 않도록 한 번 사서 고쳐가며 오래오래 입으라고 평생 수선을 책임지는 '원 웨어(Worn Wear)' 프로그램을 만들었습니다.

"지구는 거대하지만, 지구가 가진 자원은 유한합니다. 인류는 지구의 한계를 확실하게 넘어섰습니다. 하지만 지구는 매우 뛰어난 회복능력을 갖고 있습니다. 진심을 다해 행동한다면 우리는 지구를 되살릴 수 있습니다."[6]

이렇게 말하며 파타고니아는 연매출의 1%를 환경단체에 지원한다는 것을 절대 포기하지 않았으며, 2022년 회사 수익 전액을 환경보호에 쓰겠다고 선언했습니다.

---

6 『파타고니아, 파도가 칠 때는 서핑을』 이본 쉬나드, 2020, 라이팅하우스

···**이런 수업 어때요?** ································

주제 : 지구를 위한 생각과 실천

수업 의도 : 자연을 사랑하고 산을 사랑하는 이본 쉬나드의 생활 속에서 지구를 위한 미덕을 찾아보고 내가 닮을 수 있는 미덕으로 연결 지어 생활이 곧 지구를 위한 실천이 되도록 한다.

1. 이본 쉬나드 인물 탐구

　① '파타고니아, 이본 쉬나드' 글 읽고 질문 만들기

　　– 짝과 함께 이본 쉬나드가 한 일을 읽고 질문 만들기

　　　• 왜 '우리 옷을 사지지 마세요'라고 했을까?

　　　• 좋아하는 등산을 하며 피톤이 바위를 손상시켰을 때 어떤 생각이 들었을까?

　　　• 어떻게 기업을 운영하면서 이익보다 지구 환경을 생각할 수 있었을까?

　② 자신의 질문에 짝을 바꾸어가며 대화하기

　　– 질문에 대하여 짝과 대화하며 의류 쓰레기, 이본 쉬나드, 지구세 등에 대한 자신의 생각 열기

2. 이본 쉬나드로 인물 인터뷰

　핫시팅을 위한 인터뷰 자료를 준비하기, 이본 쉬나드의 성장 과정, 지구를 위한 노력 과정, 업적을 찾아 인터뷰 활동지를 완성하기

① 인물 소개(자기소개를 해주세요)
   - 우리 옷을 사지 마세요. 필요하지 않다면, 지구를 위해 우리의 옷을 사지 말아주세요. 한 번 구입했다면 버리지 말고 계속 수선해서 입을 수 있도록 '원 웨어(Worn Wear)' 프로그램이 있답니다. 파타고니아는 낡은 옷이 더 대접받습니다. 지구를 위해 튼튼한 옷을 만들죠.
② 파타고니아의 성장 과정 질문하기
   • 사업이 잘되어 좋았겠지만, 자연을 훼손하는 쉬나드 장비회사의 물건들을 보면서 어떤 생각이 들었나요?
   • 재사용이 가능한 피톤은 어떻게 만들게 되었나요?
   • 기업에 가장 이익이 되는 피톤 제작을 그만둘 수 있었던 이유는 무엇인가요?
③ 지구를 위한 이본 쉬나드의 노력과 업적 질문하기
   • '우리 옷을 사지 마세요'라는 광고는 어떤 의미인가요?
   • 환경보호를 위해 매출의 1%를 환경단체에 기부하는데, 적자가 날 때도 계속 하나요? 그 이유는 무엇인가요?

3. 지구 환경을 위해 내가 빛낼 미덕 찾기
   버츄프로젝트의 미덕 카드를 활용하여 이본 쉬나드를 빛낸 미덕 찾기
   - 기업의 이익보다 지구 환경을 생각하는 기업가 정신(끈기, 도전, 인내, 배려, 화합)
   - 등반이 대중화되면서 쉬나드 장비회사의 장비는 자연을 망가뜨

리는 주역이 되면서 피톤 제작 사업을 그만둠(결단, 도전)

- 플라스틱을 재활용해 만든 리사이클 폴리에스터 신칠라 플리
  스 개발(창의, 도전, 진실)
- 화학물질을 사용하지 않고 목화를 기르는 유기농 목화로 모든
  면제품을 만듦(평온, 확신, 목적의식)
- 환경을 위한 기업 철학을 이어가기 위해 환경단체와 비영리단
  체에 전 재산 기부(배려, 관용, 사려)

4. 미덕 내면화 배움 글쓰기
  ① 이본 쉬나드에게서 발견한 미덕
    - 이본 쉬나드가 발휘한 미덕 중 자신도 가질 수 있는 미덕 찾아
      보기
    - 미덕을 선택한 이유를 짝에게 설명하기
  ② 배움 글쓰기
    - 이본 쉬나드의 미덕과 자신이 실천하고자 하는 활동을 연결하
      여 글쓰기

기후 메신저,
그레타 툰베리

지난 100년 동안 지구의 평균기온은 1℃ 높아졌습니다. '고작 1℃인
데 뭐'라고 생각하지는 않지요? 그레타 툰베리(Greta Thunberg)는 더 많
은 사람이 지구를 위해 행동하기를 바라고 있습니다. '내가 지구에 무
슨 도움이 되겠어?'라고 생각하는 사람도 있습니다. 하지만 그레타 툰
베리는 "세상을 바꿀 수 없을 만큼 작은 사람은 없어"라고 말합니다.
그레타 툰베리와 함께 지구를 위해 지금 당장 실천해봅시다.

지구를 위해 당장 실천해야 해!

"빈방에는 불을 꺼야 해, 양치 컵을 사용해야 해, 음식을 남기면 안
돼!"

그레타 툰베리가 어릴 때부터 듣던 말입니다. 하지만 누구도 그 이
유를 알려주지 않았습니다. 8살 때 지구온난화로 지구가 점점 뜨거워
지고 있다는 것을 처음 알게 되었습니다.

"이거 너무 심각하잖아! 지구를 위해 무엇을 해야 하지?"

그레타 툰베리는 모든 걸 바로 잡으려면 지구를 위해 지금 당장 실천해야 한다는 것을 깨달았습니다.

"엄마, 이제 고기 안 먹을 거예요."

그레타 툰베리는 지역에서 생산되는 식재료를 사고 채식을 위주로 하기로 마음을 먹고 바로 실천했습니다. 가까운 곳은 자전거를 타고 일회용 플라스틱 제품을 사용하지 않고 재활용을 위해 노력했습니다. 하지만 뭔가 부족했습니다. 학교에서 중요한 것을 배워도 실천하지 않는 사람이 많다는 것이었습니다.[7]

2018년 8월, 유난히 더웠던 스톡홀름 여름의 끝자락에 그레타 툰베리는 학교 대신 국회의사당으로 향했습니다.

"당신들은 어떻게 감히 그럴 수가 있나요? 기후가 변하는데 왜 당신은 그대로죠?"

그레타 툰베리는 '기후를 위한 학교 파업'이라는 피켓을 들고 국회의사당 앞에서 홀로 학교 파업을 시작했습니다. 시간이 지날수록 함께하는 사람 수가 늘어갔습니다. 읽을 책을 가져와 함께 자리를 지켜주는 사람, 아침밥을 굶고 지각을 자처하는 사람 등 많은 사람이 그레타 툰베리와 '미래를 위한 금요일' 캠페인을 함께 했습니다.

"아무도 위기라고 생각하지 않는 것이 정말 심각한 위기입니다. 국가를 움직이는 정치인들은 유치하게 행동하고 있습니다. 우리는 진실을 알아야 하며 세상을 바꿀 필요가 있습니다."

---

7 『그레타 툰베리가 외쳐요』 자넷 윈터 글그림, 정철우 옮김, 2020 꿈꾸는섬

··· **이런 수업 어때요?** ·······································

주제 : 지구를 위한 행동 실천, 미덕으로 실천해요.

수업 의도 : 기후위기에서 그레타 툰베리가 한 행동과 실천을 질문 놀

이로 탐구하고 미덕을 찾아보는 과정에서 닮고 싶은 행동과 실천의 미

덕을 내면화할 수 있도록 한다.

1. 그레타 툰베리 인물 탐구

   ① '지구를 위해 당장 실천해야 해!' 글을 짝과 함께 읽고 질문 만들기

   • 그레타 툰베리는 어릴 때 듣던 말(빈방에 불을 꺼야 해, 양치 컵을 사
     용해야 해 등)의 이유를 무엇이라고 생각했나요?

   • 지구온난화가 왜 심각한 문제일까요?

   • 지구를 위해 그레타 툰베리가 한 일은 무엇일까요?

   • 그레타 툰베리가 왜 국회의사당 앞으로 갔을까요?

   • '기후를 위한 학교 파업'을 한 그레타 툰베리의 마음은 어땠을
     까요?

   • 그레타 툰베리는 어떻게 학교에 가지 않고 시위를 할 용기를
     낼 수 있었을까요?

   • '미래를 위한 금요일'은 어떤 의미일까요?

   ② 자신의 질문에 짝을 바꾸어가며 대화하기

      – 기후위기, 그레타 툰베리, 환경운동실천가 등 자신의 생각 열기

   ③ 질문 피라미드

- 짝 대화로 만들어진 질문 중 하나를 포스트잇에 쓰고 질문 피라 미드 제일 아래쪽에 붙이기(4개)
- 자신의 질문을 모두에게 설명하기
- 선택된 질문(2개) 피라미드 위로 올리기
- 위의 과정을 반복하여 오늘의 질문 고르기

2. 그레타 툰베리와 함께 실천력 키우기

① 에너지 절감과 보존을 위해 적극적으로 해야 할 행동을 버킷리스 트로 직접 만들어보기

② 짝에게 내가 실천할 수 있는 행동과 그 이유를 설명하기

③ '미래를 위한 금요일' 피켓(포스터, 홍보문구 등) 만들기

④ 그레타 툰베리가 지구를 위한 실천행동을 할 수 있었던 미덕 찾 아보기
- 기후위기의 심각성을 알고 등교를 하는 대신 국회의사당 앞에 서 시위를 하는 행동(용기, 결단)

3. 지구 환경을 위해 내가 빛낼 미덕 찾기

① 그레타 툰베리가 발휘한 미덕 중 자신도 가질 수 있는 미덕 찾아 보기, 미덕을 선택한 이유를 짝에게 설명하기

② 배움 글쓰기
- 그레타 툰베리의 미덕과 자신이 실천하고자 하는 활동을 연결 하여 글쓰기

업사이클링,
프라이탁 형제

쓰레기로 만들었는데 불티나게 팔리는 패션 아이템을 알고 있나요? 스위스에서 태어나 아름다운 자연환경을 보고 자란 프라이탁 형제 (Marcus Freitag, Daniel Freitag)는 그 자연환경을 보호하고 싶은 마음이 들수밖에 없었을 것입니다. 학교에서 지구온난화 수업을 듣고 새 차 대신 자전거를 타자고 부모님을 설득했다는 프라이탁 형제의 친환경 실천을 살펴보고 전 지구적 생각을 실천해봅시다.

버려진 방수포, 가방으로 재탄생

마커스와 다니엘 프라이탁은 자전거를 타고 일터로 다니던 중 비가 자주 오는 스위스에서 백팩은 너무 불편하다고 생각했습니다.

"젖은 도로를 달렸더니 가방에 빗물이 다 튀어서 엉망이야! 스케치북이 다 젖어버렸어."

프라이탁 형제는 자전거를 타고 비에 젖지 않는 물건을 쉽게 꺼낼 수 있는 가방이 필요했습니다. 새로 사기에는 너무 아깝고 원하는 것을 찾기 어려워서 버려지는 트럭의 방수포로 직접 가방을 만들었습니다. 이것이 바로 프라이탁 가방의 원조입니다.

"하나도 갖지 않은 이는 있으나, 한 개만 갖고 있는 사람은 없다."

그들의 이름을 딴 프라이탁 가방에 사용되는 방수천은 색과 모양이 다 다르기 때문에 프라이탁에서 생산되는 모든 가방은 각각 다른 디자인으로 만들어집니다. 프라이탁은 재활용에 최우선적 가치를 두고 운영합니다. 가방의 소재는 버려진 방수천을 사용했고, 가방 어깨 끈은 자동차의 안전벨트, 접합 부분은 폐자전거 바퀴의 고무 튜브로 만들었습니다. 이렇게 전 세계에 단 하나뿐인 가방이라는 희소성이 있는, 환경과 디자인을 동시에 생각하는 환경 브랜드가 되었습니다.

프라이탁은 일 년 동안 버려진 트럭 천막 200톤, 자전거 튜브 7만 5,000개, 차량용 안전벨트 2만 5,000개 가량을 사용합니다. 프라이탁 플래그십 스토어는 버려진 화물컨테이너 박스로 만들어졌으며, 공장의 50%는 재활용 열로 운영되며 심지어 공장에서 나오는 에너지까지 재활용한다고 합니다. 연간 140일 이상 비가 내리는 스위스 기후의 특성을 이용해 빗물을 받아 가방 제작(약 30%)에 활용하고 있습니다.[8]

한 번 생산된 제품이 사용된 후 버려지는 것이 아니라 새로운 가치로 재탄생하는 것, 그래서 무엇 하나 낭비되지 않는 투명한 자원순환 체계를 만드는 것이 프라이탁 형제가 말하는 궁극적 가치입니다. 이 가치에 소비자들은 수십만 원을 지불하는 것입니다.

---

8 프라이탁의 역사, 프라이탁 홈페이지(https://www.freitag.ch/en)

··· 이런수업어때요? ·····································

주제 : 재활용에 대한 가치와 실천

수업 의도 : 업사이클링, 재활용, 재사용에 대한 생각을 열고 프라이탁

형제가 지구를 위해 한 일을 미덕으로 찾고 짝에게 설명하며 미덕을

내면화하도록 한다.

1. 프라이탁 형제 인물 탐구

  ① '버려진 방수포, 가방으로 재탄생' 글 읽고 질문 만들기

    • 프라이탁 형제는 왜 방수포로 가방을 만들었을까?

    • 트럭 방수포를 보고 어떻게 가방을 만들 생각을 했을까?

    • 버려지는 방수포로 가방을 만드는데 왜 수십만 원이나 할까?

    • 수십만 원을 지불하고 가방을 구입하는 사람들은 어떤 기분
      이 들까?

    • 왜 재활용과 재사용만으로 가방을 제작할 생각을 했을까?

  ② 자신의 질문에 짝을 바꾸어가며 대화하기

    – 재사용, 업사이클링, 프라이탁 등 자신의 생각 열기

2. 프라이탁 형제의 장점(미덕) 찾기

  프라이탁 형제가 지구에 한 일을 생각하며 장점(칭찬할 점)을 찾고 이
유를 설명하면서 미덕을 내면화하기

  ① 음식물쓰레기로 퇴비를 만듦(도전, 근면)

② 못 쓰는 물건을 모아서 새로운 물건을 만듦(도전, 열정, 창의성)

③ 비에 젖은 가방을 보면서 새로운 가방이 필요했지만, 새로 사기
에는 아깝다고 생각함(자율, 근면, 긍정)

④ 버려지는 트럭 천막과 자전거 튜브, 안전벨트를 재사용하여 하나
밖에 없는 가방을 만듦(창의성, 봉사, 정의로움, 자신감, 용기)

⑤ 가방이 만들어지는 데 드는 에너지를 재활용하고 빗물을 이용함

(탁월함, 목표의식, 꾸준함)

3. 지구 환경을 위해 내가 빛낼 미덕

① 프라이탁 형제가 발휘한 미덕 중 자신도 가질 수 있는 미덕 찾아
보기, 그것을 선택한 이유를 짝에게 설명하기

② 배움 글쓰기

- 자신이 실천하고자 하는 활동을 미덕과 관련지어 글쓰기

고그린맨, 조너선 리

"나는 밖에서 노는 것을 좋아하는데, 지구가 파괴된다면, 밖에서 놀 수가 없잖아요."

TV 다큐멘터리를 보고 기후위기 문제에 관심을 갖게 되어 만화를 그리고, 세계청소년환경연대 'I See HOPE(ICEY HOPE)'를 설립한 조너선 리(Jonathan Lee, 한국 이름 이승민)가 하고 싶은 이야기는 무엇이었을지 함께 생각해봅시다.

지구가 파괴된다면, 밖에서 놀 수 없잖아

안녕, 친구들아!

키가 얼마나 크든, 얼마나 작든 상관없어.

아주 작은 일이라도 지구에는 모두 큰 도움이 돼.

혹시 밤에 전등이나 컴퓨터 모니터를 켜 놓고 자지는 않니?

양치할 때 계속 수도꼭지를 틀어 놓지는 않았니?

오늘부터 이런 몇 가지만 마음먹고 지켜봐.

우리가 어른이 되면 훨씬 더 깨끗하고 아름다운 환경에서 지낼 수 있을 거야!⁹

어린이 한 명 한 명은 큰 힘이 없지만, 작은 움직임이 모이면 큰 변화를 이룰 수 있습니다.

한국인 아버지와 미국인 어머니 사이에서 태어난 조너선 리는 10살 때 '빙하가 녹고 아마존 밀림이 파괴되고 있다'는 환경 다큐멘터리를 보고 환경 문제에 관심을 갖게 되었습니다. 다큐멘터리를 본 후, 지구를 위해 무엇인가 해야겠다 생각하고 '고그린맨(Go Green Man)'이라는 환경보호 만화를 그려 인터넷 홈페이지에 올리기 시작했습니다. 그리고 그 만화는 두 달 만에 조회 수 10만 건을 넘으며 큰 인기를 얻었습니다.

세계 어린이 한 명이 한 그루 나무 심기 운동, 패스트푸드 레스토랑 재활용 캠페인, 태안반도 기름유출 사고 때는 기름 제거 작업에 참여했습니다. 12살인 2009년에는 '세계청소년환경연대'를 세워, 사용하지 않는 물건을 기부받아서 필요로 하는 곳에 전달하는 'HOPE Shoppe' 프로젝트, 학교에 방문하여 재활용 방법 등 환경교육을 실시하는 푸른교실 프로젝트를 진행하기도 했습니다.

---

9 '열네 살의 세계적 환경 · 평화운동가 조너선 리' 중앙일보 2011.10.01

주제 : 기후위기 문제해결 실천을 위한 자발성 내면화하기

수업 의도 : 초등학생 기후행동가에 대해 알아봄으로써 어른이나 부자가 아니어도, 유명하거나 똑똑하지 않아도 기후위기 문제를 해결하는 데 앞장설 수 있다는 것을 인식하고 '나도 행동할 수 있어'라는 동기를 갖게 한다.

1. 조녀선 리 인물 탐구하기

① '지구가 파괴된다면, 밖에서 놀 수 없잖아' 글 읽고 질문 만들기

- 조녀선 리가 만화 '고그린맨'을 그린 이유는 무엇일까?
- 조녀선 리가 세계청소년환경연대를 세우고 한 일은 무엇인가?
- 조녀선 리가 이런 일을 하는 이유는 무엇일까?
- 나무를 심는 것이 기후위기를 해결하는 데 도움이 될까?
- 내가 해결하고 싶은 기후위기 문제는 무엇인가?
- 우리가 할 수 있는 일에는 무엇이 있을까?

② 자신의 질문에 짝을 바꾸어가며 대화하기

- 3회 이상 짝을 바꿔가며 공책에 적은 질문에 대해 서로 생각 나누기
- 짝과 대화하면서 자신의 생각 정리하기

2. 조녀선 리로 인물 인터뷰하기

'지구가 파괴된다면, 밖에서 놀 수 없잖아'를 활용하여 핫시팅을 위한 인터뷰 활동지를 완성하기

① 인물 소개(자기소개를 해주세요)

　– 저는 '고그린맨' 만화로 기후위기를 알리고, 기후위기 문제 해결을 위해 어린이들이 할 수 있는 것을 실천하고 있어요.

② 지구를 위한 조녀선 리의 노력에 대해 질문하기

　• '세계청소년환경연대'를 세우고 한 일은 무엇인가요?

　• 어떤 상황에서 보람을 느끼나요?

　• 힘든 점은 무엇이었으며, 어떻게 극복했나요?

3. 조녀선 리의 장점(미덕) 찾기

버츄프로젝트의 미덕 카드를 활용하여 조녀선 리가 빛낸 미덕 찾기

① 느낀 것을 실천함(도전, 열정)

② 어린이들이 할 수 있는 행동을 찾음(자율, 목적의식, 창의성)

4. 내가 빛낼 미덕은?

① 내가 발휘할 수 있는 미덕 찾기

② 그 미덕을 선택한 이유를 짝에게 설명하기

③ 미덕을 발휘할 구체적 행동 찾기

④ 배움 글쓰기

　– 내가 발휘할 미덕과 실천하고자 하는 활동을 연결하여 글쓰기

나의 해시태그 #플로깅 #해양쓰레기

저는 새로운 일을 해보는 것을 좋아합니다. 누가 취미를 물어보면 새 맛집 찾기, 새 친구 사귀기, 새로운 장소로 여행 가기 등 '새로운 취미 가지기'를 취미라고 답합니다. 해시태그 #플로깅이라는 지인의 SNS 글을 읽은 날, 저는 참을 수 없는 호기심을 느꼈습니다.

'플로깅이 뭐지? 나도 해봐야겠다!'

'이 좋은 걸 우리 반 아이들이랑 해봐야겠다!'

하기 싫다는 친구를 끌고 일단 공원으로 나갔습니다. 운동도 하고 쓰레기도 줍고 너무 좋았습니다.

"가자, 플로깅!"

학교 주변 해수욕장이 피서철 이후 쓰레기 때문에 홍역을 치른다는 소식을 듣고 학생들과 해양 플로깅을 가기로 했습니다. 당시에는 기후위기나 환경교육에 목적이 있었다기보다는 그냥 우리 동네 쓰레기를 우리가 한번 치우고 오자! 하는 가벼운 마음이었습니다. SNS에 해시태그 '#플로깅'을 하나를 더 만들고 싶은 욕심이기도 했습니다.

대충 학교에 있는 집게랑 쓰레기봉투를 들고 해수욕장으로 갔습니다. 일회용품과 플라스틱 쓰레기, 음식물 쓰레기까지 그 양과 종류가 생각보다 많았습니다.

"저거 뭐야? 저 애들 뭐 하는 거야?"

아이들이 웅성거리며 저 멀리서 오는 무리를 바라봤습니다. 여러 학생이 온몸에 두꺼운 밧줄을 감고 끙끙거리면서 저를 향해 오고 있었습니다. 밧줄이 어찌나 두껍고 무거운지 여러 명의 학생이 붙어서 겨우 해변 밖으로 끌어올 수 있었습니다. 밧줄을 시작으로 플라스틱 그물, 스티로폼 부표, 배에서 떨어져 나온 고철 덩어리까지 해변에서 볼 수 없었던 큰 쓰레기들이 줄줄이 쏟아졌습니다. 그나마 분리배출 할 수 있던 생활 쓰레기와 달리 이런 어업 폐기물들은 어떻게 버려야 할지 어른인 저도 난감했습니다.

'이거는 내 #플로깅 계획에 없었는데…?'

어업폐기물은 가져온 쓰레기봉투에 들어가지도 않고 그렇다고 학교로 가져갈 수도 없었습니다. 이대로 두고 가면 다시 바다로 흘러들어가 수질을 오염시키고 해양 생물들의 생명에 위협이 될 것 같았습니다. 결국 쓰레기를 한곳에 잘 모아두고 잘 폐기해 달라며 행정복지센터에 전화를 드렸습니다. 쌓여있는 플라스틱 쓰레기만큼 마음 한구석에 불편함으로 남았습니다.

학교로 돌아와서 학생들과 어업 폐기물에 관심을 가지고 조사해보기 시작했습니다. 분리배출 세계 2위에 빛나는 쓰레기 처리 강국인 우리나라에서 저런 어업 폐기물들이 왜 방치되나 싶었습니다.

염분이 있는 쓰레기는 소각시설에 문제를 일으켜 쓰레기 수거 단체에서 수거하지 않는다고 합니다. 전문 업체에 많은 돈을 주고 쓰레기를 처리해야 하는데, 이것도 잘 이루어지지 않고 있었습니다. 결국, 그 많은 쓰레기를 바다와 해변이 다 떠안고 있는 상황. 스티로폼 부표들은 부서지고 부식되면서 미세플라스틱으로 변하고, 떨어져 나온 조각들은 모여 산을 이루고 있습니다.

'내 SNS에 #해양쓰레기 해시태그가 달릴 줄이야.'

알게 되니 고민은 깊어졌습니다. 그렇게 저의 기후환경 공부는 시작되었습니다. 사소하게 시작한 일이지만, 깊숙이 들어가 보면 지구는 모두 연결되어 있음을 이제는 압니다. 제가 해야 할 일이 무엇인지 하나씩 고민하며 저의 해시태그를 만들어가는 중입니다.

5장

쓰레기가
쌓이고 쌓이면

인류는 자연을 상대로
'자멸하는 전쟁' 벌이고 있다.

안토니우 구테흐스, 유엔 사무총장

물티슈 대전

"물티슈가 플라스틱이야?"

"물티슈는 물에 젖은 종이 아니야?"

성민이가 물티슈가 플라스틱이니 교실에서 쓰지 말자고 소리쳤다. 지구에 대한 관심이 높아지니 태영이는 자신이 실천하고 있는 걸 반 친구들도 하자고 졸랐다.

"물티슈 없이 교실을 어떻게 청소해?"

"맞아. 그러면 우리 교실이 너무 더러워지잖아!"

"물티슈 대신에 손걸레 쓰면 되지?"

"손걸레도 면이 아니면 마찬가지로 플라스틱이잖아?"

"그러면 옷도 플라스틱인 거야?"

물티슈로 시작된 이야기는 옷으로까지 번졌다. 우리 대화를 듣고 있던 선생님께서 '물티슈'로 우리 반 전체 토론을 제안하셨다.

"좋아요."

우렁찬 성민이의 목소리가 교실을 울렸다.

'교실에서 물티슈를 써야 할까?'를 주제로 한 시간 동안 열띤 토론을 한 후 우리는 결국 면 손걸레로 대체하기로 결론을 내었다.

'그렇지만 우리 집은 어떡하지? 학교에서는 책상을 닦으면 되니 물티슈를 안 쓸 수 있다. 우리 집에서는 동생이 어려서 물티슈를 엄청 쓰는데….'

지구의 새로운 지형, 쓰레기 산

인간이 만든 산

지리산, 한라산, 덕유산 그리고 쓰레기 산. '산'이라는 단어를 들으면 어떤 생각이 떠오르나요? 산이라는 말만 들어도 괴로워하는 사람들이 있습니다. 바로 의성군 주민들인데요. 그 이유는 무엇일까요?

경북 의성군 단밀면에는 쓰레기가 쌓여 산이 된 곳이 있습니다. 무려 아파트 8층 높이, 20만 톤의 쓰레기가 쌓여 산을 이루었습니다. 장마철이 되면 쓰레기 위로 내린 비가 오염수로 바뀌어 마을로 흘러들고 참을 수 없는 악취가 진동합니다. 더 큰 문제는 쓰레기가 썩으며 생기는 가스 때문에 작은 불씨만으로 불이 납니다. 주민들이 쓰레기 더미에 물을 뿌리지만, 화재를 막기에 역부족입니다. 불타는 쓰레기 산 앞에서 매일 쓰레기와 전쟁 중입니다.

2019년 3월 3일, 미국 CNN 뉴스에 의성 쓰레기 산이 소개되었습니다. 의성 쓰레기 산을 처음 접한 사람들은 당황합니다.

"여기, 우리나라 맞나요? 우리나라에 이런 곳이 있다고?"

플라스틱 최대 소비국인 대한민국에는 이런 쓰레기 산이 235개나 있다고 합니다. 도대체 이 많은 쓰레기는 어디에서 온 걸까요?

쓰레기 다이어트

코로나19와 1인 가구의 증가로 쓰레기 배출량은 점점 늘어나고 있습니다. 배달 음식으로 발생하는 쓰레기양은 상상을 초월합니다. 이렇게 발생한 많은 쓰레기는 그대로 쓰레기 산으로 가게 됩니다.

독일의 시장에는 플라스틱 용기가 없습니다. 채소들은 신문 폐지나 식물 줄기로 묶어 판매하고 필요한 경우 종이 바구니를 사용합니다. 호텔에도 일회용품은 없고 다회용 물품을 사용합니다. 일회용품 생산 자체를 막고 사용도 엄격하게 제한합니다. 이러한 쓰레기 다이어트는 지금 우리에게도 너무 필요합니다.

···· 이런 수업 어때요? ···

주제 : 생태 지향적 삶을 위한 실천가 되기

수업 의도 : 학생들이 과도한 쓰레기 발생량의 문제점에 대해 인식하고 삶의 태도와 방향을 바꾸어 생활에서 실천하도록 한다. 쓰레기 줄이기 에서 한발 나아가 쓰레기 없는 생활을 위한 실천목표를 만들고 생활에 서 지켜나가도록 실천의지를 다지도록 한다.

1. 재활용은 만능이 아니야!

  ① 일회용품이 재활용이 되는지 알아보기

    - 일회용품의 재활용률이 얼마나 되는지 조사하기

    - 영상[10], 책, 인터넷 등을 이용하여 여러 나라의 쓰레기 재활용

      비율을 조사하기

  ② 재활용률을 높이는 방법에 관해 친구들과 토의하기

2. 쓰레기통 없는 일주일!

  ① 교실 쓰레기통 없이 생활하기

    - 일주일 동안 우리 교실 쓰레기 발생 최소화하기

    - 쓰레기가 발생하지 않는 생활 습관, 실천 목표 리스트 만들기

  ② 실천의지 다지고 실천하기

3. 쓰레기 줄이기 홍보자료 만들기

  ① 생태축 복원 사업을 통해 의성 쓰레기 산이 치워지는 과정 조사

    하기

  ② 쓰레기 산을 막기 위해 우리가 할 수 있는 일 생각해보기

  ③ 생태축 복원 공원에 설치할 쓰레기 줄이기 독려를 위한 문구와

    포스터를 디자인하여 SNS 홍보하기

---

10   플라스틱 대한민국 불타는 쓰레기 산(시작~4:11초)_출처 : KBS 다큐 유튜브

알아두면 쓸모 있는 기후 잡학사전

생태축

　다양한 생물이 살아갈 수 있도록 생태계 기능을 유지하기 위해 환경적으로 가치가 있는 지역이나 생태계의 기능을 유지할 필요성이 있는 지역을 연결하는 동식물의 서식 공간을 생태축이라고 합니다. 기반이 되는 환경에 따라 해양생태축, 습지생태축 등 다양한 형태로 존재하며 백두대간 생태축처럼 지역과 지역을 연결하는 거대한 형태의 생태통로를 의미하기도 합니다.

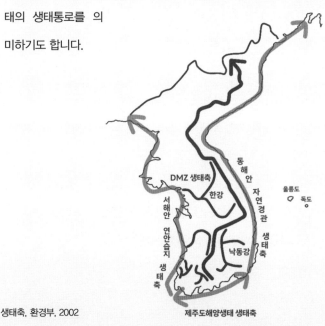

생태축, 환경부, 2002

우리 집
일회용 플라스틱

"우와, 내가 제일 좋아하는 두부조림이다."

"불고기도 너무 좋아요, 감사합니다. 잘 먹겠습니다."

식탁 위에 맛있게 조리된 음식이 가득합니다. 온 가족의 행복한 저녁 시간입니다.

"성민이가 두부를 좋아하니 우리 집은 두부를 매일 사게 되는구나."

두부 통을 흔들며 환하게 웃으시는 엄마에게 성민이가 말합니다.

"앗, 그거 두부통도 일회용 플라스틱이죠, 꼭 분리수거 해주세요."

플라스틱 문제를 수업 시간에 배우고 나서 가정에서 배출되는 플라스틱을 인식하게 된 성민이입니다.

우리 가정에서는 어떤 쓰레기들이 배출될까요?

우리 가정에서는 얼마나 많은 양의 쓰레기가 배출되고 있을까요?

쓰레기 문제를 인식하고 많은 사람이 밖에 버려진 플라스틱 쓰레기를 줍는 캠페인 활동에 참여하기도 합니다. 그런데 학생들은 본인이 플라스틱을 사용했으나 사용한 줄 모르는 경우가 더 많습니다. 마트에서 사 온 두부로 만든 음식은 맛있게 먹지만, 그 두부가 어디에 담겨 집으로 왔고 어떻게 배출되는지 알지 못합니다.

　어른들도 본인이 얼마나 많은 쓰레기를 배출하는지 잘 알지 못하는데 학생들도 마찬가지 아닐까요? 게다가 가정에서 분리배출을 직접 하지 않는 학생들은 얼마나 많은 쓰레기가 배출되고 있는지 인식하기 어렵습니다. 플로깅을 하는 것도 중요하지만, 우선 우리 집에서부터 어떤 플라스틱들이 사용되고 얼마나 많은 플라스틱이 배출되는지 살펴보면 어떨까요?

··· 이런 수업 어때요? ·······························

주제 : 우리 집 플라스틱 사용 실태 파악하기

수업 의도 : 학생들의 삶 가장 가까이 있는 플라스틱을 주제로 가정에서 배출하는 쓰레기의 종류와 양을 파악하여 실천 동기를 갖도록 한다.

1. 우리 집 플라스틱 조사 과제 제시하기(학습지 제공)

플라스틱 인식수업을 먼저 하면 도움이 됩니다.('플라스틱, 헤어질 결심' 37쪽)

① 일주일 전 '우리 집에서 배출되는 플라스틱 조사 학습지' 배부하

고 가정에서 조사하기

② 플라스틱 분리배출과 관련된 영상을 함께 본 후 안내하기

③ 두부통, 삼푸통, 김통, 즉석밥, 배달용기, 음료수 페트병, 요구르트병 등 내용물이 담긴 용도를 그대로 작성하기

　－ 플라스틱 분리배출 구분 표기(PET, PT, HDPE)를 알아보기 어려운 물건이 있어 학생들이 정확히 조사하기 어렵다. 사용 용도로 구분하여 조사한다.

2. 우리 집 플라스틱 배출량 이야기 나누기

① 우리 집에서 사용한 플라스틱의 종류와 양, 가장 많이 나온 물건, 배출하게 된 이유 말하기

② 짝을 바꾸어가면서 플라스틱 배출 이야기하기

　－ 여러 명의 짝을 통해서 각 가정에서 배출되는 다양한 플라스틱 종류를 인식한다.

　"우리 집에서는 물티슈 50개, 요구르트 통 15개. 삼푸통 등이 나왔어. 왜냐하면, 동생이 아기라서 엄마가 물티슈를 많이 쓰셔. 요구르트는 동생이랑 내가 매일 하나씩 먹어서 15개가 나왔어. 작성하려고 세어보니 생각보다 많이 나온다는 것을 알게 되었어."

3. 가장 많이 배출한 플라스틱 종류 순위 정하기

① 우리 집과 친구 집에서 가장 많이 나온 플라스틱 순위 정하기

– 'I am ground 가장 많은 것 말하기' 놀이로 우리 집에서 가장 많이 나온 플라스틱 종류 1개 말하기

– 놀이를 통해서 반에서 가장 많이 배출되는 플라스틱 파악하기
(1위 – 물티슈, 2위 – 페트병, 3위 – 배달 용기)

② 플라스틱 조사 내용을 보고 짝과 질문 만들기

• 페트병이 왜 이리 많을까?

• 플라스틱 쓰레기를 집에 쌓아 둔다면 어떻게 될까?

• 왜 일회용 플라스틱을 많이 쓸까?

• 간편하다고 사용하는 것이 옳을까?

③ 질문으로 짝 대화하기(짝 대화 – 전체 발표)

– 질문을 통해 스스로 답을 찾아가며 쓰레기 문제 고민하기

4. 우리 집 플라스틱을 줄이는 방법 찾기

① 집에서 플라스틱 쓰레기를 줄이는 방법 3가지 찾기

② 가족과 내가 함께 실천할 수 있는 활동 1가지 정하고 실천하기

수학 수업으로 확장해 보아요 ────────────

학생들이 조사한 '우리 집 플라스틱 배출량' 자료를 수학과 '자료와 가능성' 영역 수업에서 활용할 수 있습니다. 그래프를 그리기 위해 추가적인 자료를 조사하지 않아도 되는 것은 물론, 우리 집 플라스틱 배

출량을 눈으로 확인하게 되므로 쓰레기 문제에 대한 인식 전환에도
도움이 됩니다.

1. 그래프의 특징 파악하기

　① 질문을 통해 그래프의 특징 알아보기

　　• 조사한 결과를 알아보기 쉽게 나타내려면 어떻게 해야 할까?

　　• 표와 그래프는 어떤 점이 다를까?

　　• 그래프를 보고 알 수 있는 내용은 무엇일까?

　　• 그래프로 나타낼 때 생각해야 할 점은 어떤 것이 있을까?

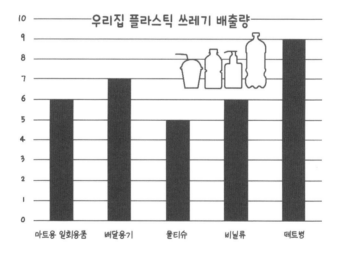

2. 조사한 자료를 표와 그래프로 나타내기(학습지 제공)

　① 표로 나타낼 플라스틱 종류 정하기

- '이런 수업 어때요?' 활동 3에서 선정한 우리 집과 친구 집에서 가장 많이 나온 플라스틱 종류부터 5~6가지를 적기
② 짝 대화하며 표 만들기
- 4~5회 짝을 바꿔 친구 집에서 나오는 플라스틱 종류별 표에 수량 적기
- 일상생활에서 쓰고 버리는 쓰레기가 많다는 사실을 인식하기
③ 종류별 수량 모두 더하기
- 플라스틱 종류별 수량을 모두 더해 '합계' 칸에 기록하기
- 만나는 친구의 자료가 모두 다르므로, 학생이 만든 표에 적히는 수량은 각각 다를 수 있음을 안내하기
④ 그래프로 나타내기
- 학생들이 조사한 플라스틱 종류별 수량을 확인하고 그래프 칸의 크기를 정하기
- 막대그래프의 경우 세로축에 수량, 가로축에 종류를 나타내기

3. 자료 해석하기
① 질문을 통해 그래프 해석하기
- 가장 많이 나온 플라스틱 종류는 무엇일까?
- 왜 이 플라스틱이 가장 많이 나왔을까?
- 가장 많이 나온 것과 가장 적게 나온 것의 차이는 얼마일까?
② 배움 글쓰기
- 그래프를 그리면서 알게 된 사실을 글로 쓰기

우리 반 쓰레기통의
진실

지구를 생각하자.

에너지를 절약하자.

일회용 플라스틱을 사용하지 말자.

교실에서 흔히 볼 수 있는 캠페인 문구입니다. 이런 문구들은 무엇을 어떻게 하라는 것인지 구체적이지 않아서인지 실천으로 이어지지 않을 때가 많습니다.

교실 쓰레기통 안과 주변은 분리되지 않은 종이류, 플라스틱류 그리고 알 수 없는 냄새들이 뒤섞여서 지저분한 경우가 많습니다. 쓰레기는 분명 학생들이 사용하고 버려서 만들어집니다. 교실 쓰레기 문제를 해결하는 시작은 쓰레기통에 버려진 것을 아이들 스스로 인식하는 것입니다.

교실 중앙에 신문지를 넓게 깔고 쓰레기통을 과감하게 엎습니다.

"으악, 선생님 냄새나요. 더러워요."

"쓰레기 보물찾기다."

"앗, 내 연필과 지우개다."

쓰레기통에서는 휴지, 캔, 먹다 남은 사탕, 비닐(미술 수업에 쓴 자료의 개별 포장지), 여러 개의 연필과 지우개, 재활용할 수 있는 종이, 수수깡, 색종이(새것과 자투리) 등이 나옵니다. 인상을 찡그리는 아이, 소리치는 아이, 이 광경을 재미있는 놀이처럼 여기는 아이 등 다양한 반응이 나올 겁니다. 연필과 지우개를 찾았다고 좋아하는 아이도 있습니다.

쓰레기통에서 나온 쓰레기를 함께 보면서 우리 반 학생들이 무엇을 버리고 있는지, 얼마나 많은 쓰레기를 버리는지, 어떻게 버려야 하는지를 정확하게 인식하는 것부터 시작하면 좋겠습니다.

지구, 기후변화의 문제, 쓰레기 문제를 고민하면서 우리 반 교실의 쓰레기통 하나부터 변화시키지 못한다면, 교실에 붙어 있는 캠페인 문구처럼 그냥 문구로 남을 뿐입니다.

··· 이런 수업 어때요? ··································

주제 : 교실에서 버려지는 쓰레기 인식하기

수업 의도 : 교실에서 버려지는 쓰레기들이 제대로 분리배출되고 있는지 확인하고 사용할 수 있는 것들이 버려지지 않도록 쓰레기 분리배출에 대한 인식을 하게 한다.

1. 우리 반 쓰레기 분리배출 상황 점검

　① 쓰레기통 분리배출 상황 관찰하기

　　- 2~4주간의 기간을 정해 쓰레기통 주변의 상황을 사진으로 찍어 두거나 관찰 사항을 기록하기

　　- 담임이 아이들에게 알리지 않고 진행하거나 일부 학생의 도움을 받아 진행하기

　　- 쓰레기통 관리가 잘 되는 반이라면 정기적으로 쓰레기가 관리되고 있는 상황 점검하기

　② 쓰레기통 속 쓰레기 분석

　　- 교실 중앙에 쓰레기통을 엎어 쓰레기의 양을 확인하고 쓰레기통 상황 인식하기

　③ 쓰레기 종류대로 분류하기

　　- 일반쓰레기, 종이류, 쓸 수 있는데 버려진 학용품들, 캔, 비닐류 등

2. 쓰레기통 분석 결과 후 토의

　① 분석된 내용을 정리하기

　　- 쓰레기의 양은 일반쓰레기가 제일 많음

　　- 종이류, 비닐 쓰레기, 플라스틱 쓰레기가 많음

　　- 분리배출이 제대로 이루어지지 않음, 재활용이 가능한 종이가 일반쓰레기와 함께 버려져 있음

　　- 방과 후 요리 수업 이후 음식물 쓰레기가 악취의 원인이 됨

② 우리 반의 쓰레기통 관리를 위한 활동 계획 세우기

　－ 돌아가며 한 모둠씩 쓰레기통 관리하기

　－ 음식물 쓰레기는 교실 쓰레기통에 버리지 않기

　－ 쓰레기 분리수거함의 배치와 표식 바꾸기

3. 학교 분리수거장을 우리 손으로

① 학교 분리수거장 확인

　－ 교실에서 쓰레기 분리배출이 잘되지 않아 쓰레기를 재분리하

　　는 경우 확인하기

② 분리수거장 환경 개선을 위한 노력

　－ 학교 분리수거장 표지판 다시 만들기

　－ 분리배출 독려 표지판 만들기

　－ 쓰레기 분리배출 방법을 안내하는 영상 만들기

미세플라스틱,
내 옷이 주범

플라스틱을 얼마만큼 먹고 있으신가요?

일주일에 신용카드 한 장.

놀랍지 않은가요? 내 몸속으로 들어가는 미세플라스틱 양이 일주일에 신용카드 한 장 정도 된다고 합니다. 육지에, 바다에 쌓이던 플라스틱이 더 이상 쌓일 곳이 없어서 이제는 우리 몸에 쌓이기 시작했습니다. 플라스틱의 진짜 위협은 이제 시작되었습니다.

미세플라스틱은 너무도 작아서 우리 눈에 보이지 않는 것은 당연하고 우리 몸에 들어가면 배출되기가 어렵다고 합니다. 계속 축적될 뿐 아니라 장기는 물론 세포 속까지 침투하고 뇌에도 자리를 잡아서 우리를 교란한다고 하니 두렵기만 합니다.

그러면 이러한 미세플라스틱을 만드는 주범은 무엇일까요?

1위는 우리가 입고 있는 옷입니다. 2017년도 세계자연보전연맹에 따르면, 합성섬유에 의한 것이 35%, 2위는 자동차가 달릴 때 타이어의 마모에 의한 것으로 28% 그리고 도시 먼지가 24%를 차지한다고 합니다. 합성섬유는 면 옷보다 탄소배출량이 3배나 많고 세탁할 때마다 섬유가 마모되면서 미세플라스틱이 대량 배출됩니다. 우리가 입은 옷을 털 때도 공기 중 먼지로 퍼져서 결국 사람의 입으로 들어오게 되지요.

이렇다 보니 옷을 입는 것이 두렵게 느껴집니다. 하지만 두렵다고 떨고 있을 것이 아니라 문제의 원인을 알고 그 원인을 찾아서 하나씩 해결해나가는 실천이 필요할 때입니다. 두려움은 제대로 알고 실천이라는 노력의 과정에서 없앨 수 있습니다.

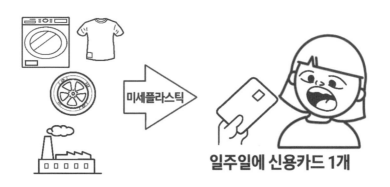

주제 : 미세플라스틱과 옷

수업 의도 : 환경 유해 물질인 미세플라스틱에 대해 알아보고, 그중에
서도 옷과 관련해 우리가 실천할 수 있는 것을 찾아서 해볼 수 있도
록 한다.

1. 미세플라스틱 제대로 알기

　① 미세플라스틱이 무엇일까?

　　– 영상을 활용하여 미세플라스틱이 만들어지고 순환되어 우리 몸
　　　에 들어오는 과정을 살펴보기

　② 미세플라스틱이 배출되는 상황 알아보기

　　– 짝과 함께 조사하기, 다른 팀원의 조사 내용도 공유하기

2. 어떤 옷이 아름다울까?

　① 사물의 진정한 아름다움 찾기

　　– 질문을 통해 우리가 물건에 발휘할 수 있는 아름다움 생각해
　　　보기

　　　• 아름답다는 것은 무엇일까?

　　　• 옷은 어떻게 해야 아름다워질까?

　　　• 물건을 잘 사용하는 것은 어떤 것일까?

　② 기후위기 시대, 아름답게 옷 입는 방법 찾기

- 꾸준히 입을 수 있는 옷인지, 꼭 필요한지 꼼꼼히 따져본다.

- 좋은 품질의 옷을 사고 깨끗하게 입는다.

- 천연섬유, 친환경 소재, 재활용 가능한 천으로 만든 옷을 산다.

- 빨랫감은 모아서, 뜨거운 물보다 차가운 물에 세탁한다.

- 건조기보다는 자연건조를 한다.

- 옷이 작아서 입지 못할 경우, 필요한 사람에게 나눠준다.

3. 미세플라스틱을 줄이는 아름다운 옷 입기 실천하기

① 내가 실천할 수 있는 행동 1가지 정하기

② 홍보 포스터, 홍보 글쓰기

- 미세플라스틱 줄이는 방법을 알리는 포스터나 글쓰기

③ 가정에서 내가 할 수 있는 일 한 학기 동안 실천해보기

- 학습하고 알게 된 내용을 가족에게 설명하기

- 실천 내용을 부모님과 함께 실천하기

쓰레기를 줄이기 위한 작은 실천들

❶ **가능하면 쓰레기가 적게 나오도록 노력해요**

물건을 구입할 때는 내용물만 구입할 수 있는 가게를 이용하거나 포장이 적은 제품을 골라요. 버릴 때는 재활용이 가능한 것은 따로 모아 버려요.

❷ **비닐봉지 사용을 줄여요**

비닐봉지는 땅속에 묻혀도 100년 이상 썩지 않아요. 장바구니를 들고 장을 보러 가기로 해요.

❸ **남기지 말고 먹어요**

우리나라에서 한 해에 버려지는 음식물 양은 600만 톤이 넘어요. 버려진 음식을 처리하는 데도 많은 비용과 에너지가 쓰인답니다.

❹ **종이를 아껴 써요**

종이를 아껴 쓰면 쓰레기도 줄어들고 나무도 적게 베어낼 거예요. 종이를 아껴 쓰고 다 쓴 종이는 모아서 배출해요. 각종 청구서를 이메일로 받는 것도 종이를 아끼는 방법이랍니다.

❺ **물건을 오래 써요**

고장 나면 고쳐 쓰고 오래 쓰면 쓰레기가 적게 배출돼요. 물건이 필요할 때는 다른 사람과 교환하거나, 아름다운 가게와 같은 재활용 상점을 이용해보세요.

6장

흔적이 남는
탄소발자국

자연계에서 등을 돌리는 것은
결국 우리 행복에서 등을 돌리는 것과 같다.

사무엘 존슨

고기냐, 채소냐 그것이 문제로다

"일주일에 고기를 하루만 먹지 않는다면 어떤 효과가 있을까?"

태영은 이걸 맞추는 사람에게 자신의 칭찬쿠폰을 내어놓겠다고 했다. 어떤 고기를 말하느냐, 내가 하루 안 먹는 거냐, 누가 안 먹느냐, 탄소량을 말해야 하느냐 등 다들 퀴즈가 잘못되었다고 아우성을 쳤다. 태영은 문제를 구체적으로 바꾸어 제시했다.

"4인 가족이 일주일에 하루만 고기를 안 먹고 채식 식단을 하면 나타나는 결과를 보기에서 고르시오.(쇠고기 2kg)"

① 물 약 31,000L 절약, 사료 20kg을 줄임

② 5주 동안 자동차를 운전하지 않은 것과 같은 탄소 감축 효과

성민이는 1번, 민준이는 2번을 골랐다. 서로 다른 번호를 선택해서 둘 중의 한 명이라도 쿠폰을 받자며 좋아했다. 반 아이들도 맞장구치면서 반반으로 나누어 답을 했다.

"모두 땡. 1번과 2번 모두 정답이야."

우리가 고작 하루 고기 안 먹으면 거의 한 달 동안 자동차를 타지 않는 효과가 있단 말이야? 게다가 물은 얼마나 절약이 되는 거지?

내가 남긴
탄소발자국

'새벽 배송 출발'

딩동, 알람이 울립니다. 스마트폰으로 주문한 새콤달콤 오렌지와 프랑스산 치즈, 필리핀산 망고와 바나나, 노르웨이산 연어와 고등어가 내일 아침에 문 앞에 도착할 겁니다. 이렇게 먼 곳에서 생산된 먹거리

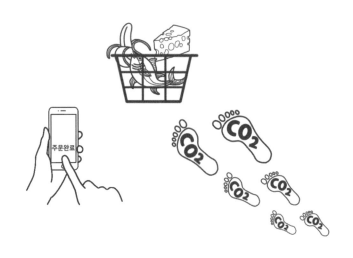

들이 내 집 문 앞까지 오는 데 클릭 한 번이면 됩니다.

　스마트폰만 열면 내가 필요로 하는 거의 모든 것을 구할 수 있는 세상입니다. 앗! 나의 손가락 클릭은 한 번이었는데 우리가 먹고 마시고 입고 움직이는 모든 것이 지구에는 어떤 발자국으로 남을까요?

탄소발자국

　발자국이 남는다고 했는데 보이지는 않는다.

　위험하다고 하지만 얼마나 위험한지 인식하기 어렵다.

　매일 매일 내가 남기고 있다.

　한번 만들어진 발자국은 사라지지 않는다.

　한 번 만들어진 탄소발자국은 없어지지도 않고 위험하다고 합니다. 탄소발자국에 관해 말은 많이 들었는데 막상 수업하려고 하면 무엇부터 해야 할지 막막하기도 합니다. 이럴 때 손쉽게 시작할 수 있는 활동이 '질문 만들기'입니다. 학생들이 스스로 탄소발자국에 대해 질문해 봄으로써 생각하고 인식하는 데 도움이 됩니다.

- 탄소가 사람인가? 발자국이 어떻게 만들어질까?
- 보이지 않는데 어떻게 발자국이 생길까?
- 얼마나 위험한 걸까?
- 위험하다는데 왜 그걸 위험하다고 인식하지 못할까?
- 나도 탄소발자국을 남기는 걸까?
- 내가 무엇으로 탄소발자국을 남기는 걸까?

• 탄소발자국은 왜 사라지지 않는 걸까?

　우리는 매일 매일 탄소를 만들며 살아가지만, 그것을 인지하지 못하고 있습니다. 눈에 보이지도 않고 물건을 만들어 파는 회사들도 우리에게 알려주지 않으니까요. 하지만 우리가 살아가는 데 필요한 것들이 만들어지고 이동하고 폐기되는 과정에서 발생하는 이산화탄소는 대기 중의 태양에너지가 우주로 나가지 못하게 하고, 이는 결국 지구의 기온을 계속 올리게 됩니다.

···· 이런 수업 어때요? ·····························

주제 : 탄소발자국을 줄이는 행동과 방법 알아보고 실천하기

수업 의도 : 탄소발자국에 대해 알아보고 생활 속에서 탄소발자국을 줄이는 행동을 하나라도 실천해볼 수 있도록 한다.

1. 탄소발자국에 대해 알기
　① 탄소에 대해 이해하기
　　– 탄소에 대한 수업을 먼저 하면 도움이 됩니다.('이산화탄소, 넌 누구니?' 26쪽)
　② 영상 또는 책을 활용하여 탄소발자국 인식하기
　　– 탄소발자국이 지구 전체의 위협이 되고 있다는 것을 인식

2. 탄소발자국 찾기

① 영상과 책을 보며 탄소를 발생시키는 행동을 찾기

  - 차를 탈 때, 차를 만들 때, 전기를 쓸 때, 전기밥솥으로 밥을 할
    때 등

② 수업 중에 스마트단말기를 이용하여 찾기

③ 다양한 사례 찾기

  - 탄소를 발생시키는 행동이 무엇인지 찾기

  - 탄소를 적게 발생시키는 행동 찾기

  - 탄소를 적게 발생시키는 기업이나 행동 방법 사례 찾기

3. 내가 만든 탄소발자국 계산하기

① 내 탄소발자국 계산하기

  - '한국 기후환경네트워크(KCEN)'의 탄소발자국 계산기 활용하기

② 가정의 탄소발자국을 계산하기

  - 매달 전기 사용량(KW/H)

  - 비행기 여행을 한 거리

  - 자동차로 운전한 거리(자동차명, 연식)

③ 탄소발자국 직접 측정

  - 탄소발자국을 직접 계산해보는 것은 일상생활에서 탄소발자국
    이 지구에 찍힌다는 것을 시각적으로 느끼게 합니다.

4. 탄소발자국 줄이는 방법 찾기

　① 9칸 빙고 완성하기

　　– 탄소발자국을 줄이는 방법에 관한 영상을 함께 시청한 후, 짝
　　　과 함께 탄소발자국을 줄일 수 있는 방법을 찾아 9칸 빙고를 완
　　　성하기

　② 짝에게 탄소발자국 줄이는 방법 설명하기

　③ 탄소발자국 줄이기 위한 다양한 활동

　　– 물건을 아껴 쓰고 다시 쓰는 것이 탄소 발생을 줄이는 활동임을
　　　알게 하여 아나바다 장터와 연결하기

　④ 짝에게 자신의 실천 내용을 말하기

5. 가정과 연계하여 실천하기

　① 빙고 판에 적은 탄소발자국을 줄이는 활동 중 1가지를 골라 가족
　　과 함께 실천하도록 안내하기

　② 학생의 배움 실천으로 학부모 실천 유도

6. 탄소발자국, 교과 수업에 확장하기

　① 국어과 쓰기 영역 : 제안하는 글쓰기, 자신의 생각을 표현하기,
　　의견을 표현하는 글쓰기

　② 수학 : 막대그래프, 꺾은선 그래프, 비와 비율 등

먹거리,
넌 얼마나 멀리서 왔니?

"고기는 아예 없어?"

"왜 학교 급식이 채식이야?"

교육청마다 차이는 있지만, 한 달에 한두 번 정도의 채식 급식 날이 운영되고 있습니다. 채식 급식을 운영하는 이유는 육식이 지구에 끼치는 문제에서 조금이라도 벗어나기 위해서이지요.

우리가 좋아하는 육류를 생산하는 공장식 축산은 온실가스 배출량의 약 18~20%를 차지합니다. 또한, 고기가 식탁에 오르기까지의 과정에서 사용되는 물이 세계 물 소비량의 30%를 차지합니다. 게다가 육지의 동물 30%가 축산용이고 곡물의 1/3은 사료로 사용됩니다.

여기서 질문!

전 세계가 생산한 콩의 몇 %가 가축의 먹이로 사용되고 있을까요?

놀라지 마세요. 무려 90%가 가축의 먹이로 사용되고 있답니다. 콩이 인간이 아니라 가축을 위해서 재배되고 있으니 참으로 아이러니하지요. 세계에는 굶주리는 사람이 얼마나 많은데요. 육식을 줄이면 기아 난민을 구호하는 데도 도움이 되지 않을까요?

육식의 문제를 논하다 보니 채소나 과일이 지구에 더 이롭다고 생각이 드나요? 물론, 육식을 위한 축산과정에 발생하는 탄소를 생각하면 분명히 채식의 탄소배출량이 적은 것은 사실이지요.

그러나 채식에 운송 거리가 더해진다면 어떨까요? 우리의 식재료가 얼마나 멀리에서 왔는지 따져봐야 할 것 같습니다. 멀리서 오면 올수록 장거리 이동을 하다 보니 탄소배출이 늘어나겠지요. 게다가 오랜 기간 신선도를 유지하기 위해서 보존 첨가물을 많이 사용하게 되어 환경에도, 우리 몸에도 좋지 않은 영향을 주게 됩니다.

··· **이런 수업 어때요?** ·································

주제 : 푸드 마일리지에 대해 알고 긍정적인 행동 선택하기

수업 의도 : 음식의 생산과 소비 과정에서도 탄소가 발생한다는 것을 알고, 내 몸과 지구를 위해 가까운 곳에서 생산된 먹거리를 소비하려는 마음을 갖도록 한다.

1. 맛있는 먹거리의 이동 거리 알아보기

　① 우리 집 먹거리, 원산지 알아 오기(학습지 제공)

　　- 수업 전 먹거리 조사 학습하기

② 조사한 먹거리 원산지 세계지도에 표시하기

　- 우리 집 음식의 원산지를 찾아 세계지도에 스티커를 붙이기

　- 다양한 나라에서 먹거리가 수입되고 있음을 지도를 보며 인식

　하기(세계지도 활용)

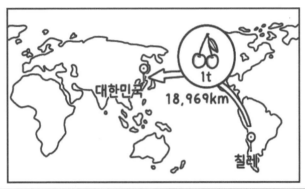

식품 수송량(t)x 수송거리(km) = 푸드 마일리지

1t x 18,969 km
푸드 마일리지 = 18,969

2. 푸드 마일리지와 기후 위기의 관계 찾기

　'푸드 마일리지, 넌 어디서 왔니?'[11] 영상을 활용하여 푸드 마일리

　지가 높은 음식이 기후위기에 미치는 영향 알기

3. 푸드 마일리지 줄이기 짝 토론하기

　① 푸드 마일리지를 줄일 수 있는 방법 찾기

11　[푸드마일리지] 넌 어디에서 왔니_출처: 환경교육포털사이트

- 가까운 곳에서 생산된 먹거리 선택하기
- 제철에 나는 음식을 먹기
- 먹을 만큼 구입하고 버리는 음식 줄이기
- 배달 음식 줄이기(집밥 먹기)

② 자신의 생각 배움 글쓰기

4. 가정 연계 활동 또는 나눔

① 장터 이용하기

- 부모님과 함께 우리 동네 시장이나 농산물 직거래 장터에 가보세요. 바다와 가깝다면 수산물 시장도 좋아요. 가까운 거리라면 부모님과 이야기하며 걸어가는 시간도 좋은 추억이 될 거예요.

② 음식은 먹을 만큼만

- 지구에서 생산되거나 조리된 먹거리의 1/3이 그냥 버려지고 있어요. 버려진 먹거리들은 쓰레기장이나 매립장으로 보내져 온실가스와 메탄을 만들어내지요. 식당에서는 먹을 만큼만 주문해보세요. 그리고 음식이 남을 것을 대비해 집에서 용기를 챙겨가면 더욱 좋아요.

③ 집밥을 먹어요

- 집에서 직접 음식을 준비해 먹는다면 음식의 이동 거리는 더 줄어들겠지요. 더불어 건강도 챙기고 가정 경제에도 도움이 될 거예요. 부모님을 도와 식사 준비를 함께 해보세요.

푸드 마일리지(Food mileage)

먹거리가 생산지에서 식탁에 오르기까지 이동한 거리를 말해요.
'식품의 무게 × 이동 거리 = 푸드 마일리지'입니다. 같은 무게의 식
품이라면 식탁에 오르기까지의 이동 거리가 멀수록 푸드 마일리지가
높고, 더 많은 온실가스를 배출하고 있는 것입니다.

스마트폰을 쓰면
탄소가 발생한다고?

편리함의 역습

스마트폰은 휴대전화에 여러 컴퓨터 지원 기능을 추가한 지능형 단말기를 말합니다. 스마트폰의 활용도는 정말 무궁무진합니다. 인공지능을 기반으로 복잡한 업무를 간단하게 할 수 있도록 돕고 사람들 사이에 연락을 책임지며 쇼핑과 예약, 백과사전의 역할까지 합니다. 인터넷과 스마트폰이 없는 일상을 상상할 수 있을까요?

아니, 그런데 이런 인터넷과 스마트폰의 사용이 탄소를 발생시킨다니요? 학생들이 장난스럽게 질문합니다.

"선생님! 스마트폰이 소들처럼 방귀라도 뿡뿡 뀌나요? 하하하하!"

디지털 탄소발자국

디지털 탄소발자국은 말 그대로 디지털 기기를 사용할 때 발생되는 탄소량을 말합니다. 전자기기의 충전, 인터넷 검색, E-메일을 확인할 때도 이산화탄소가 발생합니다. 몇 가지 예를 들어볼까요?

- E-메일 한 통에 4g
- 데이터 1Mb 사용에 11g
- 전화통화 1분에 3.6g 등

이렇게 이산화탄소가 배출됩니다. 또한, 우리가 좋아하는 OTT 서비스를 이용하여 영화와 드라마를 볼 때도 엄청난 양의 탄소가 생깁니다. 특히, 방대한 데이터센터 서버를 유지하기 위한 전력은 새로운 탄소 생성의 원인입니다.

꼭 써야 한다면?

지금 사용하는 스마트기기를 얼마나 사용했나요? 꼭 필요하지 않았지만, 예쁘다는 이유로 새로운 기기로 바꾸지 않았나요? 스마트폰이 2년 동안 배출하는 이산화탄소량의 약 90%가 스마트폰을 생산할 때 발생한다고 합니다. 그러니 스마트폰을 자주 바꾸기보다 수리해서 최대한 오래 사용하는 것이 지구를 위한 일이지요.

가정에서는 스마트기기 사용 시 화면 밝기를 낮추고 스피커 음량을 작게 줄여봅시다. 줄어든 밝기와 소리만큼 탄소 발생량을 줄일 수 있어요! 대기전력은 전자기기의 작동과 관계없이 전원을 끈 상태에서도 소비되는 전력을 말해요. 사용하지 않는 기기의 콘센트를 뽑아보세요. 멀티탭을 고를 때 대기전력이 차단되는 제품을 고르면 더욱 좋겠죠?

··· **이런 수업 어때요?** ·····································

> 주제 : 여러 가지 방법으로 디지털 탄소발자국 줄이기
>
> 수업 의도 : '디지털 탄소발자국'의 개념을 익히고, 불필요한 기기 사용
> 을 줄이며, 서버 유지에 필요한 탄소배출을 줄이는 방법을 실천할 수
> 있도록 한다.

1. 메일함 비우기, 불필요한 메일 받지 않기

   ① 메일을 잘 확인하지 않거나 이미 확인한 메일을 삭제하기

   ② 일주일마다 정기적으로 스팸 메일 및 불필요한 메일 삭제하기

      – 메일을 삭제하는 것만으로 데이터를 유지하기 위해 생기는 탄
   소 발생을 막을 수 있다.

2. 스마트한 스마트폰 사용!

   ① 수업 시간에도 꼭 필요한 경우에만 인터넷을 사용하기

   ② 영상을 볼 때 낮은 화질로 시청하기

   ③ 다운로드를 해서 영상을 시청하기

   ④ 사용하지 않는 기기는 재빨리 전원 끄기

3. 디지털 탄소발자국을 알려요!

　① 디지털 탄소발자국을 모르는 학생들을 위해 홍보 활동하기

　② 재활용 상자와 폐현수막 뒷면을 활용하여 우리 학교 학생들을 대

　　상으로 캠페인 활동하기

알아두면 쓸모 있는 기후 잡학사전

지구의 예산, 생태 용량

지구에도 '예산'과 유사한 개념이 있습니다. 바로 생태 용량인데요! 지구는 스스로 정화하고 자원을 재생산하는 자정 능력이 있지만 한계가 있습니다. 그 한계치가 바로 '생태 용량'입니다. '글로벌 탄소발자국 네트워크'는 매년 '지구 생태 용량 초과의 날'을 계산해 발표합니다. 지구 생태 용량을 지구 생태발자국으로 나누고 365일을 곱해주면 됩니다. 2022년에는 이날이 7월 28일이었습니다. 거의 반년 만에 일 년 치 지구 생태 용량을 다 소진해 버렸습니다. 학생들이 생태 용량의 개념에 대해 알고 지구를 위해 탄소배출량 줄여야 한다는 사실을 마음으로 느낄 수 있도록 해주세요.

기후환경 수업으로의 첫걸음

"실천교사단 신청해보는 게 어때? 도움이 될 거 같아."

"실천교사단요? 뭘 실천하는데요?"

"몰라. 환경 쪽인 거 같던데."

"전 환경 쪽은 하나도 모르는데요."

"그러니까 배우면서 실천하고 나한테도 알려주고 하면 좋지."

선배 교사의 추천에 일단 대답만 해놓고 고민했다. 아무리 하고 싶은 게 많고 그걸 또 다해보는 나지만, 아무것도 모르는 환경 쪽으로? 일단 해보자!

그런데 내가 생각하던 환경이 아니었다. 기후위기! 지구 평균기온이 1℃씩 오를 때마다 벌어질 일들이 너무나 끔찍했다. 내가 아는 환경은 고작 쓰레기 줍고 텃밭 가꾸는 거였는데 기후위기라니. 무엇부터 시작해야 할까? 일단 학생들이 인식이라도 할 수 있는 활동을 계획해서 조금씩 실천해봐야겠다고 생각했다.

우선 동료 교사 중 함께 할 사람을 모집했다. 다행히 관심 있는 분들도 계셨고, 뭔지 모르지만 그냥 해보자며 함께해 준 분도 있었다. 학생들과 함께 실천할 수 있는 것이 무엇이 있을지 고민하다 교육청에서 실천하는 월별 에코드림을 학교에서 해보는 것으로 시작했다.

3월의 과제는 분리배출 잘하기. 어떻게 해야 학생들이 실천할 수 있을까? 일단 분리배출이 무엇인지 제대로 하고 있는지 알아야 하기에 여기저기 자료를 모아 올바른 분리배출 방법에 관한 자료를 학급에 안내하고 창체시간을 활용하게 했다. 교실에서 가정에서 분리배출을 바르게 하고 인증사진을 학교 홈페이지에 소감과 함께 올리도록 했다. 목적은 숙제가 아니라 기후위기 행동실천의 홍보였다. 20명 남짓의 아이들이 참여했고 선물로 장바구니를 준비했다. 이것도 기후위기 행동실천에 많이 참여하라는 홍보였다.

매월 에코드림에 참여하는 아이들이 늘어갔지만, 뭔가 부족했고 아쉬웠다.

"플로깅 해볼래? 운동도 하고 쓰레기도 줍는 거래."

플로깅. 학교 안과 밖을 산책하며 쓰레기를 줍는다고? 좋다. 인터넷에 찾아보니 엄청난 양의 자료가 검색되었다. 기후위기 초보인 나만 몰랐던 거다. 쓰레기를 줍고 주운 쓰레기를 다시 분리 배출하는 것. 거기에 쓰레기로 글자를 만든 사진이 눈에 띄었다. 당연히 환경 초보 눈에는 그런 것만 보였다.

환경단체에서 선착순 지급하는 플로깅 백을 받아 보니 쓰레기를 담을 재생 봉지와 에코백, 집게 등이 있었다.

'아이고, 이게 더 쓰레기겠다. 이 상자는 뭐야?'

혼잣말을 하고 한참을 웃었다. 이제 한 발짝 뗀 기후환경 수업 초보가 이런 생각을 했다니 '기특하다' 생각하며 첫 플로깅을 준비했다. 더운 날 활동이라 물이 필요했지만, 플라스틱 쓰레기를 만들지 않기 위해 텀블러에 각자 물을 준비하게 했다. 하지만 몇몇 아이들과 선생님들이 손에는 페트 생수병이 들려있었다.

학생들에게 이 플로깅이 무엇을 의미하는지 제대로 알려주지 않고 바로 진행해서 생긴 문제일 수도 있었다.

'시작은 다 그런 거 아니겠어! 그래도 출발!'

한낮에 학교 주변 산책이라니! 약간 설레기도 했다. 교문을 채 벗어나기도 전에 여기저기서 들려왔다.

"학교, 금연구역 아냐? 담배꽁초가 왜 이렇게 많아?"

"벽 구멍마다 쓰레기네. 에휴~."

"껌은 어떻게 떼요? 집게로 안 돼요!"

학교 밖은 더했다 온갖 쓰레기가 구석구석 있었다. 사람도 잘 다니지 않는 길에 웬 쓰레기가 이리도 많은지. 봉지째 버려진 것도 있었다. 땅에 반쯤 묻혀 있는 쓰레기까지 파내기에 그만두라 했더니 "이런 게 지구를 죽게 만드는 거예요" 한다. 지구를 위한 마음이 어른인 나보다 낫다.

플로깅을 하며 모은 온갖 쓰레기들을 학교 분리수거함이 있는 곳에 쏟아내었다. 주운 쓰레기를 다시 분리 배출하는 것은 꿈도 못 꾸겠고, 글자 쓰기의 로망도 사라졌다. 고작 학교 주변을 돌았을 뿐인데 너무 심각했다.

플로깅 한 번이지만, 고민은 깊어졌다. 실천을 했으니 알게 된 것도 있지만, 실천하기 위해서는 왜 그 일을 해야 하는지 정확하게 인식할 필요가 있다. 생각해야 할 것도 많고 실천으로 옮겨야 하는 것도 많은 기후환경 수업이다.

대수롭지 않게 사용하던 종이컵, 편하다고 사용한 일회용 컵의 사용을 멈추는 일, 이것이 나의 시작이다.

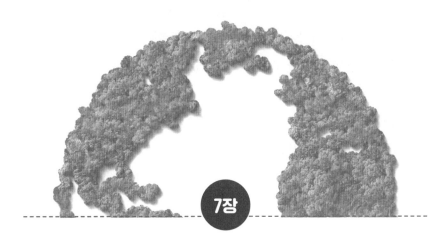

7장

에너지는
사라지지 않아요

우리는 지구에게
빛을 지며 숨 쉬고 있어요.

타일러 라쉬

모든 것의 시작은 태양

"태양을 숭배합시다."

점심시간 운동장에 나온 우리를 향해 태영이가 소리쳤다. 태영이는 두 팔을 벌리고 태양을 숭배하는 자세를 취하고 있었다. 성민이와 민준이도 뛰어와서 장난을 치며 태영이를 따라서 자세를 취했다.

"갑자기 웬 태양 숭배?"

"우리가 먹고 마시고 옷을 입고 사는 모든 것이 태양으로부터 온 것이니 당연히 숭배해야지."

"하하하, 우리 집은 태양에너지를 쓰지 않고 화력발전소에서 전기가 만들어져 오는 것이니 발전소에 숭배하러 가겠소이다."

"너희 집 전등 불빛의 에너지는 어디서 오는 줄 아니?"

"그건 당연히 콘센트에서, 하하하."

"자, 그럼 추적조사를 해보겠소이다."

① 전등 불빛이 들어오게 하는 에너지는? 콘센트에서.

② 콘센트의 전기를 따라가면? 발전소.

③ 발전소의 전기는? 물을 끓여서.

④ 물을 끓이는 열은? 석탄을 태워서(이때 탄소가 엄청 나옴).

⑤ 석탄은 어디에서? 땅속에서.

⑥ 땅속의 석탄이 묻히기 전에는? 3억 5,000만 년 전 식물이 쌓여서.

⑦ 식물은 어디에서 왔을까? 태양빛을 받아 광합성을 해서.

"오호, 모든 것의 시작은 태양이구나!"

"이때 에너지가 보존될 뿐 형태를 바꾸어서 변환되는데, 문제는 손실이 발생하지. 바로 이 손실을 적게 하는 것이 효율적인 거지."

"손실이 발생하지 않기 위해서 여러 단계를 거치지 않고 태양을 바로 사용하면 효율이 최고일 것 같은데."

성민이가 태영의 말을 이해했다는 듯 뽐내면 말했다.

"맞아. 그래서 태양광에너지를 쓰자고 외치고 있잖아."

태영이와 성민이는 하이파이브를 했다. 하지만 민준이랑 나는 이해가 되지 않아서 고개를 갸우뚱거릴 뿐이었다.

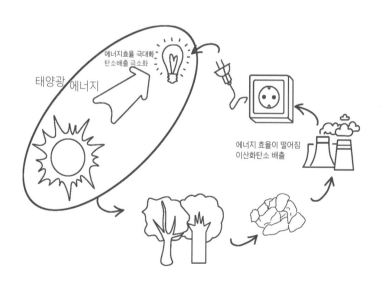

에너지효율과
에너지절약

200만 원이나 더!

선생님들, 작년에 비해 이번 달 200만 원이나 더 나왔습니다.

주말 동안 어떤 반은 에어컨을 끄지 않아서 주말 내내 에어컨이 돌아가고 있었습니다.

선생님들은 수도꼭지에서 물이 콸콸 쏟아지고 있으면 잠그십니까? 잠그지 않으십니까? 물이 콸콸 쏟아지면 아깝고 눈에 보이지 않으면 아깝지 않습니까?

행정실장님에게 온 메시지입니다. 뭔가 단단히 화가 난 것 같습니다. 우리 학교 7월 한 달 전기료에 관한 내용이었습니다. 전기는 우리 생활에서 꼭 필요한 에너지로 없어서는 안 될 중요한 에너지입니다. 그런데 문제는 이 전기에너지는 물과는 달리 그 흐름이 눈에 보이지 않는다는 것입니다. 눈에 보이면 아까운데 눈에 보이지 않으면 아무

래도 소홀해지기 마련입니다.

   에너지를 절약해야 한다는 것을 우리는 이미 알고 있습니다. 습관처럼 전등을 끄고, 양치할 때는 양치 컵을 사용하지요. 하지만 에너지 절약을 행동습관으로 접근하기보다 눈으로 보고 느끼게 하면 어떨까요? 그리고 그것을 탄소중립으로 연결하도록 말이죠.

   지구의 자원이 고갈되어 에너지가 부족해지고 있다는 기사는 어른에게도 잘 와 닿지 않습니다. 지금 편하게 쓰고 있기 때문입니다. 지구의 자원이 고갈되어 에너지가 부족해지고 있다는 것을 '내 주머니에서 돈이 나가는 에너지' 이야기로 접근한다면 조금 더 관심을 갖지 않을까요?

···· **이런 수업 어때요?** ·····································

주제 : 에너지의 효율성을 이해하고 절약하기

수업 의도 : 에너지 전환과정에서 에너지의 손실이 발생함을 이해하고

에너지를 효율적으로 이용하고, 절약할 수 있도록 한다.

1. 에너지의 종류에 대해 알기

  ① '에너지' 하면 떠오르는 것을 나열하기

    - 전기, 물, 사용하는 것, 낭비, 생활에 필요한 것

② '전기에너지'에 대해 집중하기

　－ 전기에너지와 탄소 발생과의 관계에 대해 집중적으로 찾기

2. 에너지의 효율성 이해하기

　① 우리가 쓰는 전기에너지는 어디에서 올까?

　　－ 전기 불빛, 콘센트, 전기발전소, 석탄 화석(이산화탄소 발생), 석

　　　탄, 식물, 태양(171쪽 그림 참고)으로 이어짐을 설명하기

　② 에너지 효율에 대한 이해하기

　　－ 에너지가 전환될 때마다 손실이 발생

　　－ 효율이 가장 극대화되는 상태는 태양에서 바로 에너지를 받아

　　　쓰는 것

　③ 현실적인 문제 알아보기

　　－ 이산화탄소 배출을 극소화할 수 있는 태양에너지를 쓰는 것이

　　　가장 좋다.

　　－ 석탄발전소에서 태양광 발전으로 갑자기 바꿀 수 없다.

　　－ 태양에서 에너지를 바로 받아쓸 수 없으니 효율적으로 이용하

　　　거나 절약하는 것이 중요하다.

3. 전기에너지 절약하는 방법 찾기

　① 2주간 전기 낭비의 모습 찾기

　　－ 학교나 가정에서 전기가 낭비되고 있는 모습을 찾아보고 공유

　　　하기

② 전기가 낭비되는 곳을 찾아서 기록하고 행동 공유하기
 - 저학년 : 점심시간과 쉬는 시간에 소등상태 조사하기, 소등 독
   려 스티커 만들기
 - 고학년 : 소등시간, 소등 방법 등을 조사하고 그래프로 만들기
   (수학과 통계 단원과 연계하여 수업하기)
③ 패들렛이나 밴드에 내용을 공유하며 함께 찾기

4. 전기 절약을 독려하는 생활 속 문구와 사진 모으기
 ① 주변의 전기 낭비의 모습, 위험한 전기 사용 모습, 전기 절약을 알
   리는 문구 등의 내용을 찾아서 기록하기
 ② 가전제품 에너지 등급 조사하기
  - 에너지효율 등급 등을 고려하여 가전제품 선택하기
  - 가전제품 에너지 등급 조사하기

◈ **가정과 연계 활동 또는 나눔** ◈

집에서 매달 받는 관리비 고지서나 전기나 수도 사용료 고지서를 확
인하면 집에서의 전기 사용량, 물 사용량을 알 수 있습니다. 이러한
내용을 매달 살펴보면서 전기 절약 수칙을 만들고 함께 지킬 수 있도
록 독려할 수 있습니다. 학생들의 배움과 학부모의 관심과 실천을 함
께 할 수 있다면 최고의 에너지 절약 효과를 얻을 수 있을 것입니다.

우리 마을이
사라진대요

친환경, 무공해?

친환경 에너지와 무공해 에너지는 다른 것일까?

생산과정에서도 탄소중립을 지킬 수 있는 진짜 무공해 에너지는 없을까?

무공해 에너지에도 어떤 문제가 있을까?

대부분의 무공해 에너지 생산 방법은 비용이 많이 듭니다. 태양에너지와 바람은 인간의 마음대로 조종할 수 없기 때문에 기다림이 필요합니다. 또 에너지가 만들어진 곳에서 사용되는 곳까지 이동하는 시설을 만드는 데 큰 비용이 듭니다.

원할 때, 원하는 곳에 발전소를 지어 에너지를 생산할 수 있는 화석연료에 비해 가성비가 낮습니다. 아직도 많은 사람이 공해 에너지를 놓지 못하는 이유 중의 하나이기도 하지요. 이제 이런 공해 에너지를 놓아주어야 합니다.

우리 반 탄소제로 운동

교실에서 탄소제로를 실천하기 위해서 우리가 할 수 있는 일에는 어떤 것이 있을까요? 화석연료 발전소를 지을 수 없도록 건설 현장에 찾아가 항의하고 싶지만, 어린이들과 함께하기에 무리가 있습니다.

"선생님, 화석연료를 사용하는 발전소를 짓는 것을 고려하고 있는 정부 기관이나 단체에 기후위기의 심각성을 알리는 편지와 마음을 담은 영상을 보내보는 건 어때요?"

"발전소 건설을 반대하는 사람들의 서명을 받아서 보내고 싶어요."

에너지를 적게 쓰는 것이 지구를 위하는 가장 좋은 길입니다. 어린이들이 할 수 있는 작은 파동으로 시작한 탄소제로를 위한 노력은 우리 반 곳곳으로 퍼졌습니다. 불필요한 에너지 사용을 줄이기 위해 에어컨을 끄고 창문을 열었고, 난방기 온도를 내리고 내복을 입기로 약속했습니다. 교실을 비울 때는 TV 끄기, 전등 끄기, 선풍기 끄기의 '끄기 약속'을 했습니다. 대중교통 이용하기 약속으로 태어나서 처음으로 기차를 타 본 친구도 있었습니다.

우리는 이제 알고 있습니다. 친환경 에너지도 좋지만, 에너지를 사용하지 않는 것이 그 어떤 친환경 에너지를 사용하는 것보다 낫다는 것을요.

··· **이런 수업 어때요?** ······················

주제 : 에너지를 생산하는 과정에서 발생하는 여러 문제 알아보기

수업 의도 : 에너지 발전 과정에서 발생하는 수몰 마을의 이야기를 알아

보고 지구를 위해 에너지를 적게 사용하는 삶의 태도를 기른다.

1. 물에 잠긴 마을

　① 제인 욜런의 『강물이 흘러가도록』을 함께 읽기

　② 댐 건설로 마을이 수몰되는 일을 겪는 주인공의 마음 짐작하기

　③ 수몰 마을의 동물과 식물이 어떻게 되었을지 짐작하기

　④ 댐 수몰 마을 조사하기

　　－실제 댐 건설로 수몰된 마을 조사하고 생물과 환경 다양성 생

　　각해보기

2. 무공해 에너지를 위한 기후행동

　① 기후위기의 심각성 알리는 편지 쓰기

　　－화석연료 발전소를 짓는 것을 고려하고 있는 정부 기관이나 단

　　체에 기후위기의 심각성을 알리는 편지 쓰기

　② 우리 학교 무공해 에너지 서명운동 및 캠페인 활동

　　－에너지 서명운동을 통해서 무공해 에너지에 관심 가지게 하기

　　－'*끄기* 운동' 홍보 캠페인 활동하기

어렵지 않지만, 누구나 할 수 있는 실천 방법으로는 가까운 거리는 걸어서 이동하기, 대중교통 이용하고 자가용 이용 줄이기 등이 있을 것입니다. 이를 공언하고 실천 내용을 함께 나누는 과정을 가져봅시다. 가정 내 탄소제로 운동을 통해서 사용하지 않는 가전제품 코드는 뽑고 한 달에 한 번이라도 시간을 정해 소등하기 운동을 실천해 보는 것은 어떨까요?

재생에너지
RE100

언젠가부터 여러 매체에서 보이기 시작한 단어 RE100[12].

remember? refill? 're'라는 단어로 유추하자면 뭔가 새롭게 다시 시작하는 의미인 것 같기도 한데, 정확한 뜻은 무엇일까요?

전력을 생산하기 위해 주로 사용하고 있는 화석연료는 탄소를 배출하여 기후위기를 앞당기고 천연자원을 고갈시키는 단점이 있어요. 반면 재생에너지는 **태양열, 태양광, 바이오, 풍력, 수력, 지열에너지 등을 이용한 것**으로 스스로 재생되거나 고갈의 염려가 없는 천연자원을 활용하며 탄소 발생이 적습니다. RE100은 2050년까지 기업이 사용하는 전력량의 100%를 풍력 · 태양광 등 재생에너지 전력으로 충당하겠다는 목표의 국제 캠페인입니다.

현재 우리나라의 재생에너지 생산량은 기업 필요 전력량의 70% 정도라고 해요. 기후위기를 멈추기 위해 탄소 발생을 적극적으로 줄여

---

12 '재생에너지(Renewable Electricity) 100%'의 약자

야 하는 지금, 기후위기 시대에 맞는 재생에너지 정책을 세우고 재생
에너지 생산량을 늘리는 것이 필요합니다.

··· **이런 수업 어때요?** ·································

주제 : 에너지 생산과정, 재생에너지의 정의, RE100 개념 알기

수업 의도 : 일상적으로 사용하는 에너지가 어떻게 만들어지는지, 재생

에너지의 종류와 RE100의 개념 이해를 통해 에너지 사용을 줄이고자

노력하는 마음을 갖게 한다.

1. 에너지는 어디서 올까?

　① 우리가 사용하는 에너지의 생산과정을 인식하기

- 우리가 사용하는 에너지는 어디서 올까?
- 에너지를 만드는 방법에는 어떤 것이 있을까?

② 에너지 부족이 우리 삶에 미치는 영향 알기

- 에너지가 없으면 어떻게 될까?

  : 공장에서 물건을 못 만들고 전기도 들어오지 않아요.

2. RE100 이해하기

① 현재의 에너지 생산이 갖는 문제 알기

- 가스, 석탄, 석유로 에너지를 만들면서 탄소 발생

② RE100 이해하기

- 관련 영상을 함께 보며 RE100의 개념 이해하기
- 온실가스를 발생하지 않는 재생에너지 종류 알아보기

  : 햇빛, 물, 바람, 땅의 열, 쓰레기, 수소 등

3. RE100 실천 기업 찾아보기

① RE100 실천 기업

- 2022년 RE100 가입 기업 : 구글, 애플, 제너럴모터스, 이케아 등 375곳. 우리나라에는 SK그룹, 미래에셋증권, KB금융그룹, LG에너지솔루션, 현대자동차, 기아, 현대모비스 등 21곳

② RE100 가입 자격

- 재생에너지 비중을 2030년 60%, 2040년 90%로 올려야 자격 이 유지

4. 한국 기업의 RE100 가입이 더딘 이유 알아보기

　① 국내 재생에너지 발전량이 부족해서

　② 발전소를 새로 짓기 위해서는 새로운 땅이 필요

　③ 산이나 밭을 밀어 발전소를 짓는다고 해도 에너지 밀도가 낮아

　　효율성과 경제성이 떨어짐

생태시민의 씨앗 심기

"이를 어째! 거북 코에 빨대가?"

우연히 거북 코에서 플라스틱 빨대를 제거하는 영상을 보았다. 동물을 키우지도 않고 관심 분야도 아니었지만, 거북이 고통스럽게 피를 흘리는 모습과 내지르는 울음소리 속 아픔이 고스란히 전이된 듯 내내 머릿속을 떠나지 않았고 가슴이 아파 견딜 수 없었다.

내가 거북을 보며 아팠던 마음을 우리 반 아이들도 느끼게 해주고 싶었다. 아이들 역시 피를 흘리는 거북을 못보겠다고 눈을 가리거나 울먹이는 아이들도 있었다. 왜 코에 빨대가 들어갔는지를 길게 설명하지 않아도 바다 쓰레기와 플라스틱에 대해 잘 알고 있었고 '쓰레기를 줄여야 한다, 플라스틱 사용을 줄여야 한다, 분리수거를 잘해야 한다.' 나아가 '자원을 아껴야 한다'까지 마치 시험문제 정답을 얘기하듯 줄줄 읊는다. 영상 하나만으로 아이들 가슴에 불씨를 일으킨 것 같아 뿌듯했다.

그러나….

딱 거기까지였다. 야무지게 정답을 읊던 아이들은 생활에서 딴판이었다.

급식 시간에 맛이 없다고 아무 의식 없이 음식을 남겼다.

수업이 끝나면 멀쩡한 연필이 뒹굴어도 찾아가는 이가 없었다.

만들기 수업을 하고 나면 여분이 한참 남은 색종이들이 바닥에 흩어져 있었다.

지저분한 교실 쓰레기통 주변을 보아도 불평만 하고 치우는 이가 없었다….

'먼바다에 사는 거북 코의 플라스틱 빨대' 이야기는 그야말로 '나와 상관없는 그저 먼 바다 거북의 사정'에 불과했던 것이다.

실망스러웠다. '그럼 그렇지. 환경문제는 내가 어떻게 할 수 있는 게 아니지, 내가 한다고 세상이 바뀌겠어?' 자조하기도 했다.

문득 '내 교육 방법에 문제가 있었던 건 아닐까?' 하는 생각이 들었고 일단 내가 먼저 공부해보기로 했다. 공부를 하면 할수록 세상의 모든 것은 연결되어 있었고 동물에 대한 연민, 버려지는 멀쩡한 물건에 대한 안타까움의 감상을 넘어 결국 지금의 지구환경 문제가 우리 생존의 문제로 이어짐을 알게 되었다. 뭔가 하지 않으면 안 된다는 조급함이 밀려왔다.

나 혼자 전깃불을 끄고 종이를 아껴 쓰고 플라스틱 사용을 줄이는 실천만으로는 지금의 환경 문제를 극복할 수 없다는 것을 알고 있다. 그러나 교사이기에 나는 이 상황을 절망적으로 받아들이기보다는 '지구적 사고'를 하는 생태시민의 씨앗을 심는 일을 '나의 사명'으로 생각하기로 했다.

　세상의 모든 것이 연결되어 있듯 환경 수업을 하기로 마음먹으니 어떤 교과든 소재든 직간접적으로 연결되어 있었고 연결할 수 있었다. 교실의 쓰레기 문제부터 해결해 보고자 쓰레기통을 뒤집어엎어 그 안의 쓰레기를 조사해보고, 학교 텃밭에 수세미도 심어보고, 아이들에게 자연의 아름다움도 느끼게 하고, 쓰레기를 주우러 가기도 했다. 이런 활동들은 아이들의 마음을 움직였고 교실을 넘어 서서히 가정으로 이어지며 학부모들의 마음까지 움직여 교육공동체도 생활을 돌아보고 환경을 위한 실천에 동참하기에 이르렀다.
　이렇게 교사인 나는 지구를 위한 나의 사명을 위해 작지만 꾸준한 발걸음을 내디딜 것이다. 그렇게 동료 선생님들과 함께 이 길을 걷고 싶다.

8장

기후위기는
공정하지 않다

당신들은 자녀를 가장 사랑한다 말하지만,
기후변화에 적극적으로 대처하지 않는 모습으로
자녀들의 미래를 훔치고 있다.

그레타 툰베리

너무 억울해

"탄소중립에 대해 어떻게 생각해?"

성민이가 심각한 표정으로 태영에게 물었다.

"이산화탄소를 배출하는 만큼 흡수량도 늘려서 실질적으로는 배출량 '0' 즉 제로(zero)로 만들겠다는 거니까 좋은 거지."

"하지만 실제로 흡수하는 건 어려운 거잖아. 결국, 배출 자체를 하지 않아야 하는 거잖아?"

여전히 심각한 표정으로 성민이가 말했다.

"그렇겠지. 그런데 성민이 너는 뭐가 그리 심각하니?"

"태영아, 한번 생각해봐. 스마트폰도 써야 하고, 맛있는 것도 먹어야 하고, 차를 타고 멀리 놀러도 가야 하고, 편리한 생활을 하기 위해서는 어쩔 수 없이 에너지를 많이 쓰게 되잖아. 그런데 탄소중립을 하려면 우리가 그걸 할 수 없다는 거잖아."

"음. 그렇긴 하지만…."

부모 세대는 마음껏 에너지를 사용했는데, 우리만 불편함을 감수해야 한다고 속상해하는 성민이를 보니 태영이도 뭐라고 할 말이 없었다. 그렇지만 지구를 위해서, 우리를 위해서라도 지금부터 탄소중립을 위해서 노력해야만 하는데, 이걸 어쩌지?

가라앉는 투발루,
누구의 책임인가?

남태평양에 있는 나라

인구 1만여 명의 작은 섬나라

9개의 섬으로 이루어져 있었는데 2개가 바닷물 속으로 사라짐

어느 나라일까요? 투발루입니다.

그런데 왜 2개의 섬이 물에 잠겨버렸을까요? 네, 바로 해수면 상승으로 인해 국토가 사라지고 있기 때문입니다. 이대로 가면 100년이 아니라 50~60년 후에 사라진다고 해도 과언이 아닙니다.

기후변화로 직접적인 피해를 입고 있는 투발루 사람들이 발생시키는 온실가스 배출량은 얼마나 될까요? 매년 해수면 상승으로 삶의 터전이 조금씩 잠기는 고통을 겪을 만큼 기후위기 문제를 가져온 주요 국가일까요?

탄소를 배출하여 부를 일으킨 나라와 그로 인해 피해를 입는 나라가

다릅니다. 기후위기는 모든 사람에게 영향을 주지만, 국가 간 불평등은 갈수록 심화되고 악순환이 이루어지고 있습니다.

13℃의 불공정

연평균 기온과 경제는 아주 밀접한 관련이 있습니다. 2015년 네이처의 한 논문에서는 경제생산성은 연평균 기온이 13℃인 나라가 가장 크고, 13℃에서 멀어질수록 낮아진다고 했습니다. 지금까지 지구온난화로 추운 나라는 경제생산성의 최적 기온 13℃에 다가가면서 혜택을 받았고, 더운 나라는 최적 기온에서 더욱 멀어지면서 피해를 보았습니다.

경제생산성과 기후위기가 무슨 관계가 있냐고요? 가난한 나라 대부분은 더운 지역에 있어서 지구온난화로 인한 피해가 아주 심각합니다. 농업에 의존하는 이들 나라는 기후위기의 최전선에 놓이게 된 것이죠.

온실가스 배출량이 1인당 300톤이 넘는 부유한 나라 19개 중 14개국은 지구온난화로 인해 날씨가 따뜻해져 노동생산성과 농업수확량이 좋아지면서 1인당 GDP가 평균 13% 증가했고 노르웨이는 34%나 증가했습니다. 반면, 온실가스 배출량이 1인당 10톤 미만인 가난한 18개국 모두 GDP가 30% 가까이 줄어들었습니다. 심지어 인도는 미국 대공황 때 수준으로 타격을 입고 있다고 합니다.[13]

온실가스를 배출하고 기후위기를 초래한 부유한 나라들은 기후위기로 더욱 경제성장을 하며 부유해지고, 온실가스 배출과 거리 먼 가

---

13 기후정의와 사회생태주의 천지일보 칼럼 2022

난한 나라들은 더욱더 가난해지는 아이러니한 상황입니다. 부유한 나라들이 지금까지 배출한 온실가스양은 무시하고 배출한계점까지의 온실가스양을 사이좋게 나눠 배출하자고 합니다. 손에 쥐고 있는 사탕은 두고 바구니에 든 사탕을 이제 나눠 먹자는 것이지요.

기후위기의 결과는 불평등하다

온실가스 배출량이 가장 많은 나라는 중국, 미국, 인도 등의 선진국입니다. 이들 국가가 배출하는 온실가스의 양은 전체 배출량의 68%를 차지합니다. 반면, 온실가스 배출량이 가장 적은 아프리카 대륙의 국가와 캄보디아 등 저개발국가는 3%에 불과합니다.

투발루는 해수면 상승으로 나라가 없어질 위기에 놓였고, 방글라데시의 농토는 바닷물에 침수되어 농토의 기능을 잃었습니다. 이 두 나라는 온실가스 배출과는 무관한 나라입니다. 하지만 가장 먼저 기후위기의 피해를 본 것이죠.

생각 열기

① 이미 배출된 온실가스로 부유한 삶을 살고 있는 국가와 이제 성장을 위해 또는 생존을 위해 온실가스를 배출할 수밖에 없는 국가가 함께 지구를 지키기 위해 온실가스 배출량을 똑같이 조절하는 것이 공정한 것일까요?

② 인구도 많고 공장도 많은 중국이나 미국 같은 국가와 농업이 주를 이루는 국가 간 온실가스 배출량을 같게 조절하는 것이 공정

한 것일까요?

③ 기후위기를 초래한 국가가 기후위기 피해국에 보상해 줄 수 있을까요?

④ 과학의 발달로 이산화탄소를 포집할 수 있는 기술을 활용하려고 한다고 합니다. 온실가스 배출을 많이 해서 기후위기를 초래하긴 했지만, 과학기술을 발전시켜 온실가스 배출량을 줄이겠다고 하니 선진국을 지지해야 할까요?

⑤ 이산화탄소 포집을 위한 과학기술의 발전 과정에서 온실가스가 배출되지 않는다고 확신할 수 있을까요?

⑥ 이미 온실가스를 많이 배출하고 성장한 국가들은 지금 성장하려는 국가에게 자신들이 만든 환경 기준을 지켜서 온실가스를 배출하게 하는 것이 옳은 일인가요?

⑦ 생존을 위한 먹거리를 생산할 때 발생하는 온실가스와 먹거리를 운송하기 위한 산업이나 운송에서 발생하는 온실가스는 기후위기의 책임을 어떻게 배분할 수 있을까요?

···· 이런 수업 어때요? ··············

주제 : 기후위기가 가져온 불평등, 누구의 책임인가?

수업 의도 : 더 많은 화석연료로 더 많이 성장한 국가들은 지구의 기후 위기가 오기까지 화석연료를 마음껏 쓰고 온실가스도 마음껏 배출했

다. 기후위기가 심각해진 지금 환경협약을 맺으며 이제 온실가스 배출량을 제한하고 있다. 기후위기로 가장 피해를 본 국가는 정작 온실가스 배출과 무관하지만, 그들에게 책임을 함께 하자고 한다. 기후위기가 가져온 국가 간 불평등 문제를 토론하며 기후위기 시대의 공정에 대해 생각해볼 수 있게 한다.

1. 기후위기가 가져온 국가 간 불평등 질문 만들기

① '가라앉는 투발루, 누구의 책임인가?'를 읽고 짝과 함께 질문 만들기

- 지금까지 배출된 온실가스는 지구에 어떤 영향을 주었을까?
- 기후변화로 기온이 상승하면서 부유한 나라들과 가난한 나라들은 각각 어떤 영향을 받았을까?
- 온실가스를 많이 배출하여 기후위기를 가져왔지만, 세계 경제 성장의 중심인 미국의 잘못을 따질 수 있을까?
- 온실가스 배출과 거리가 먼 투발루의 국민은 온실가스 배출로 기후위기를 초래한 국가에 어떤 마음일까?
- 이미 온실가스를 많이 배출한 국가와 그렇지 않은 국가에 온실가스 배출량 기준을 같게 적용해도 될까?
- 온실가스 배출량 기준을 지금까지의 배출량의 누적으로 하면 어떨까?
- 이미 온실가스를 많이 배출한 국가의 경제와 생존의 문제가 있는데 온실가스 배출량을 줄이라고 하는 것이 공정한 것일까?

- 공정하게 가난한 국가의 발전을 위해 온실가스 배출량 기준을 늘려주는 것은 어떨까?
- 먹거리 생산 등 생존을 위한 온실가스 배출과 그것을 운송, 판매 등을 할 때 발생하는 온실가스 배출을 어떻게 기준을 정해야 할까?
- 부유한 국가들은 재난 상황이 생길 때 가난한 나라를 돕기도 하는데 부유한 국가라고 무조건 기후위기의 책임을 물을 수 있는 걸까?

② 자신의 질문에 짝을 바꾸어가며 대화하기
- 질문에 대하여 짝과 대화하기
- 국가 간 기후위기 공정에 대한 자기 생각 열기

2. 기후위기의 공정, 토론으로 풀어가기

① 앞의 활동으로 나온 질문 중 토론 주제 선정하기
- 질문 피라미드(114쪽 활동 참고)를 활용하여 최종 토론 주제를 정하거나 학생들이 만든 질문을 조합하여 정하기

② 주제어로 자료 수집하기
- 토론을 위한 지식 넓히기 활동으로 학생들이 주제어를 활용하여 스스로 자료 찾기
- 토론 주제에 맞는 주제어 브레인스토밍하기
- 온실가스 배출량, 기후위기의 공정, 온실가스 배출 기준량, 생존을 위한 온실가스 배출, 기후위기의 불평등 등

③ 토론하기

    - 찬반 토론 또는 비경쟁 토론하기

    - 기후위기에 정답은 없기 때문에 더 나은 방향으로 생각을 모으는 것에 초점 두기

알아두면 쓸모 있는 기후 잡학사전

도넛 경제학[14]

모두가 안전하고 공평하게 살 수 있는, 케이트 레이워스가 제안한 '도넛 경제학'

안쪽의 원은 인류에게 필요한 사회적 기반이고 바깥쪽의 원은 환경위기를 막는 지구 생태의 한계이지요. 도넛 안쪽은 인간 존엄성과 관련되는 생존의 문제이며, 바깥으로 나간다는 것은 기후변화와 생물다양성 손실 등 치명적인 환경위기가 된다는 것이에요. 그러니 이 사회적 기반이 무너지지 않게 하기 위해 생존을 위한 온실가스 배출을 할 수밖에 없는 것이지요.

국가별로 살펴보면, 이미 경제성장을 충분히 한 미국과 중국은 생태위협 요소가 많이 초과되어 있고, 방글라데시는 생태에 위협을 가

---

14 『도넛 경제학』, 케이트 레이워스 지음, 홍기빈 옮김, 학고재, 2018

하지 않아요. 오히려 생존을 위한 많은 요소가 결핍되어 있는데, 기후위기의 피해를 고스란히 받고 있지요.

이러한 기후위기가 가져온 불공정을 해결하기 위해 우리는 어떤 행동과 실천을 해야 할지 고민해볼 문제입니다.

'경제성장이 불평등을 줄여주지는 않는다.
대신 분배를 설계하는 경제를 만들라.'
－ 케이트 레이워스 －

우리는 왜 1/6만 배출해야 하나요?

영화 '기생충'에서 폭우가 내리던 날, 반지하에 살던 기택의 집 안으로 빗물이 마구 들어오며 화장실 변기의 오물까지 역류하는 장면이 나옵니다. 하지만 부자인 은교 네는 정원에 방수가 아주 잘 되는 캠핑 텐트를 치고 폭우가 내리는 상황을 즐기죠. 폭우는 그쳤지만 결국 기택이 네는 물난리로 임시대피소에서 생활하게 됩니다. 그러나 부잣집에 살고 있는 은교는 이렇게 말합니다.

"오늘 하늘 완전 파랗고 미세먼지 제로잖아. 어제 비 왕창 온 덕분에."

분명 폭우는 누구에게나 내렸지만, 그 결과는 평등하지 않습니다.

가진 자들이 일으킨 가지지 못한 자들의 재앙

가진 자들은 더 많이 가지기 위해, 가지지 못한 자는 가진 자를 쫓아 끊임없이 도전합니다. 아니 '도전'이라는 그럴듯한 가면을 쓰고 말입니다. 잘 먹고 잘 살기 위해 다음 세대는 생각하지 않고 한정된 지구의 자원을 마구 쓰고, 버리고 있습니다.

지금까지의 세대는 지구의 탄소를 쓸 만큼 쓰고 배출도 마음껏 했습니다. 그 결과 기후위기라는 문제를 안게 되었지요. 그러니 이제 다 함께 탄소배출을 줄여서 기후위기를 헤쳐나가자고 합니다. 탄소를 제대로 써보지도 못한 어린 세대에게 말입니다.

에너지의 독점

불평등은 에너지의 독점을 심화시켰습니다. 옥스팜과 스톡홀름 환경연구소의 보고서에 따르면, 1990년~2015년 동안 부유한 10%의 사람이 배출한 이산화탄소의 양이 전 세계 배출량의 약 52%를 차지한다고 합니다. 인류의 생존을 위해 온실가스 배출을 제로로 할 수는 없지만, 이미 부유한 사람들이 과소비와 낭비로 배출한 온실가스 때문에 생존에 필요한 온실가스 배출을 제한시키는 격이 되고 말았습니다. 기후위기의 피해는 고스란히 어린 세대, 가난한 계층의 몫으로 돌아가는 것이지요.

누구의 책임인가?

기후위기에서 벗어나려면 지금 어린 세대들은 기성세대처럼 사치스러운 온실가스 배출을 할 수 없습니다. 허용할 수 있는 배출량의 대부분을 이미 기성세대가 소진했기 때문입니다.

그런데 이제 온실가스 배출을 더 하면 기후위기가 심각해지고 인류에 심각한 피해를 주니 허용할 수 있는 배출량을 똑같이 나눠 배출하자는 것이지요. 써보지도 못한 세대에게 지구가 위험하니 함께 하자고 합니다. 기성세대가 누린 배출량의 1/6 정도만으로 생존해야 하는 어린 세대에게. 심지어 미래 세대는 자기들이 배출하지 않은 온실가스 때문에 피해를 보게 됩니다.

하지만 이런 기성세대의 노력과 온실가스 배출이 없었다면, 지금의 세대는 지금의 편안한 삶을 누리지 못했을지도 모릅니다. 지금의 세대가 누리는 것은 생각하지 않고 기성세대의 과도한 온실가스 배출에 대해 우리는 쓰지 않았으니 기성세대가 책임지라고 해야 할까요?

이미 배출된 온실가스가 많으니 어린 세대, 미래 세대는 기본적인 삶을 위해 온실가스 배출을 줄이고 지구를 위해 인류의 책임을 당연하게 받아들여야 하는 걸까요? 과연 기후위기에서의 공정은 어떤 것일까요?

생각 열기

① 우리는 공정의 가치를 어디에 두어야 할까?

② 지금이 기후위기 시대이니 누구에게나 그 책임을 물어 똑같이 온실가스 배출을 줄여야 할까? 이미 세상의 50% 이상의 온실가스를 배출하는 가진 자가 더 많이 노력해야 할까?

··· **이런 수업 어때요?** ·································

주제 : 기후위기 대물림 계속할 것인가?

수업 의도 : 기성세대의 노력으로 지금의 발전을 이뤘다. 덕분에 잘살
게되었으니 미래를 살아갈 다음 세대에게 기후위기의 책임을 함께 짊
어지고 가자고 하는 것이 옳은 것일까? 어린 세대와 미래 세대는 온실
가스 배출과는 무관하니 그 책임을 기성세대에게만 지워야만 하는 것
인가에 대한 고민을 함께하고자 한다. 세대 간 기후위기의 불평등에 대
한 자기 생각의 가치를 살펴보고 기후위기 정의와 책임에 대해 생각해
볼 기회를 제공한다.

1. 기후위기가 가져온 세대, 계층 간의 불평등을 질문으로 알아보기

① '우리는 왜 1/6만 배출해야 하나요?'를 읽고 짝과 함께 질문 만
들기

- 가진 자가 더 가지려고 하는 것이 잘못된 것일까?
- 가지지 못한 자가 가진 자를 쫓아 잘살아 보려는 것이 잘못된
걸까?
- 기성세대가 배출한 온실가스가 많으니 지금부터 배출하지 말
라고 하면 어떨까?
- 기후위기의 책임은 인류의 책임이니 지금 세대도 함께 책임을
지고 온실가스 배출량을 줄여야 할까?
- 기성세대의 노력이 아니었다면, 지금의 편안함과 편리함은 없

었을 수도 있는데 그들의 책임이라고만 할 수 있을까?

- 우리도 기성세대 때문에 피해를 봤으니 미래 세대도 그 피해를 당연하게 받아들이라고 하는 것이 공정한 것일까?

② 자신의 질문에 짝을 바꾸어가며 대화하기

    - 질문에 대하여 짝과 대화하기

    - 기후위기와 세대, 계층 간의 갈등에 대한 자기 생각 열기

2. 기후위기의 공정, 토론으로 풀어가기

① 앞의 활동으로 나온 질문 중에서 토론 주제 선정하기

    - 질문 피라미드를 활용하여 최종 토론 주제를 선정하거나 학생들이 만든 질문을 조합하여 토론 주제 선정하기

    - 예를 들면, 우리는 기후위기의 책임이 없다. 하지만 기성세대의 노력이 아니었다면 지금의 편리함은 없었을 것이다. 그럼, 누구의 책임일까?

② 가치 수직선으로 생각 표현하기

    - 가치 수직선에 자기 생각 표현하기

    - 왜 그렇게 표현했는지 이유 돌아가며 말하기

③ 모둠별 토론 준비하기

    - 전체 주제에 맞는 토론 자료를 모둠별로 역할을 정해서 자료를 찾고 정리하기

    - 토론을 위한 자료를 찾을 때는 주제어를 정하고 찾기

그림책으로 가치합시다

"가치합시다."

MBC FM 라디오 모 프로그램의 한 코너입니다. 처음에는 '같이합시다'로 들렸습니다. 청취자들이 매주 환경보호 관련 미션을 하나 정해서 함께 실천하고 인증사진을 공유하는 내용입니다. 미션은 일상생활에서 쉽게 실천할 수 있는 것으로 구체적입니다.

예를 들어, 택배상자 테이프 뜯기, 옷장 정리하기, 쓰지 않는 물건을 중고 물품으로 거래하기, 일회용품 재사용하기 등 '생활 밀착형' 실천 내용들이지요.

'어? 이번 주 미션 별것 아니잖아.'

어렵지 않아서 저도 하나둘 해보게 되었습니다. 생활 밀착형이고 일주일에 쉽게 하나씩 하다 보니 시나브로 실천한 것들이 몸에 배기 시작했습니다.

"그림책 한 권 읽어줄게."

그림책 읽어주는 것은 제게는 참 쉽고 재미있는 일입니다. 제가 좋

아하기 때문이지요. 아이들이 좋아할 만한 그림책을 골라 교실에서 자주 읽어줍니다. 대개는 국어 수업이나 생활 지도에 활용하기 좋은 그림책을 읽어주었습니다.

어느 순간부터 기후환경과 관련된 그림책이 포함되기 시작하더니 이제는 제법 큰 비율을 차지하게 되었습니다. 아마도 교내 전문적 학습공동체 활동으로 기후위기를 공부하면서 제가 알게 된 것을 우리 반 아이들과 나누고 싶어서였나 봅니다.

지식정보 그림책을 읽을 때는 기후위기의 원인과 결과를 글과 그림으로 쉽게 이해할 수 있었습니다. 등장인물이 나오는 줄거리 위주의 그림책을 볼 땐 등장인물이 처한 상황으로 기후위기의 영향을 인식할 수 있었지요. 현실과 별개의 그림책 속 이야기로만 생각하지 않도록 관련 동영상을 함께 보여주었더니 눈 앞에 펼쳐진 장면에 입을 다물지 못하는 아이도 있었습니다.

"기후위기 공부하자"라는 말을 들으면 불편해하고, 하고 싶어 하지 않았을 아이들에게 그림책은 저만의 비밀 무기입니다.

라디오 프로그램의 '가치합시다'와 기후위기를 인식시키기 위한 저만의 전략 '그림책 읽어줄게'는 같은 맥락이라고 생각합니다. 쉽게 접근하고 기후 문제를 제대로 알게 도와주고, 스스로 실천하게 만드는 일입니다. 저는 그림책 수업으로 지구와 사람을 위한 가치를 실천하는 중입니다.

그림책으로 '가치'를 '같이'해보면 어떨까요?

9장

그림책으로 하는
기후환경 수업

자연의 소리에 귀 기울이고
자신을 자연과 어울리게 하라.
풀 한 포기, 나뭇가지 하나도
소홀히 다루지 말고 귀히 여기라.

몽테뉴

기후위기 수업도 그림책으로

"야호. 다음 시간은 도서관 수업 시간이다."

체육 시간도 좋아하지만, 도서관 수업도 좋아하는 우리 반 아이들은 마음이 들떴다. 오늘은 기후환경과 관련된 책을 찾아 읽고 그 책을 대출해서 우리 반 친구들에게 소개하기로 했다.

"사서 선생님, 기후나 지구에 관련된 책 소개해주세요."

"음, 너무도 좋은 책이 많아서 딱 한 권만 소개하기는 아쉬운데, 기후환경 코너에 대부분 모여 있으니 이 책 저 책 꺼내어서 살펴보는 건 어때?"

이미 태영이는 기후환경 코너에서 책을 고르고 있었다.

"우와, 기후환경과 관련된 책이 이렇게 많아? 무엇을 선택해야 할지 모르겠어."

"일단 차례를 쭉 읽어보고 책장을 넘겨 가면서 살펴보다가 관심 가는 부분을 자세히 읽어 봐. 이렇게 여러 권을 살펴보다가 마음 가는 한 권 정해서 전체를 다 읽어보는 건 어때?"

태영에게 엄지 척을 날리며 성민이는 책 한 권을 꺼내어 차례부터 읽어보기 시작했다. 하지만 나는 역시 글보다 그림. 기후환경 그림책을 꺼내 들었다.

창의적체험활동
프로젝트하기

그림책 좋아하시나요?

그림책은 글과 그림이 조화를 이룬 책으로 글을 모르는 아이들에게도 친근해서 진입장벽이 낮은 매체입니다. 기후위기라는 무거운 주제를 가지고도 아이들의 눈높이에 맞춰 마음을 톡 하고 건드려 볼 수 있겠지요. 생태전환의 가치와 삶의 자세를 배울 수 있는 그림책을 활용해보면 좋겠습니다.

그림책은 아이들뿐만 아니라 선생님들도 편안하게 다가갈 수 있는 매체입니다. 그림책에서 전하는 기후문제를 인식할 수 있고, 지구를 위해 무엇을 해야 할지 고민하는 수업을 구상해볼 수 있습니다.

제대로 배우고 느끼면 마음에서 우러나온 실천으로 이어질 것이고 어른들이 저질렀던 실수는 하지 않을 겁니다. **생명 존중과 생태감수성** 그리고 **공존의 가치**를 느낄 수 있는 그림책으로 시작해보면 어떨까요?

『고래를 삼킨 바다 쓰레기』[15]의 글과 그림을 꼼꼼히 살펴보면 바다 쓰레기의 원인과 영향, 지구 온도상승이 해양생태계에 미치는 영향, 플라스틱과 미세플라스틱의 위험성 등 다양한 기후환경 주제를 찾을 수 있습니다. 프로젝트 구성과 차시별 학습 내용은 학생들의 수준과 흥미, 시수 등에 따라 달라질 겁니다.

고래를 삼킨 바다 쓰레기

'고래를 삼킨 바다 쓰레기'라니, 도대체 바다에 쓰레기가 얼마나 많으면 고래를 삼킬 정도가 될까요?

『고래를 삼킨 바다 쓰레기』를 펼치면 바다 쓰레기 때문에 병들고 죽어가는 바다생물을 볼 수 있습니다. 해안에서 죽은 채 발견된 향유고래의 뱃속에는 고기 잡는 그물, 비닐봉지, 폐타이어, 플라스틱 조각들이 마구 뒤엉켜 있습니다.

바다 쓰레기는 어디에서 왔을까요?
고래는 왜 먹이도 아닌 쓰레기를 먹었을까요?
우리가 무심코 버린 쓰레기는 어디로 갈까요?
바다에 버려지는 쓰레기는 얼마나 될까요?

꼬리에 꼬리를 무는 질문은 바다 쓰레기의 원인과 이동, 영향을 알고 탐구하게 돕습니다. 그림책을 깊이 있게 읽으며 생명의 바다를 지

---

15 유다정 글, 이광익 그림, 와이즈만북스

키기 위해 우리가 지켜야 할 일, 사회적 차원에서 돕는 방법 등 좋은 해결책을 찾아 나서 봅시다.

기후위기 생태전환 주제 연결하기

그림책의 흐름과 내용에 포함된 기후환경 문제와 이 책에서 소개하고 있는 주제를 수업으로 연결하여 재구성하면 기후문제를 더 깊이 있게 살펴볼 수 있습니다.

1. 바다 쓰레기의 원인과 이동

① 왜 고래 뱃속에 쓰레기가 있을까?(2~5쪽)

② 왜 고래는 쓰레기를 먹었을까?(6~9쪽)

③ 쓰레기는 어떻게 바다로 갔을까?(10~15쪽)

④ 바다 쓰레기 섬의 크기는 얼마나 될까?(16~21쪽)

■ 주제 : 바다 쓰레기와 고래

　　1장의 '플라스틱, 헤어질 결심'(37쪽)

　　2장의 '줄어든 고래 똥, 지구가 위험해!'(49쪽)

2. 지구 온도상승의 의미

① 지구 온도가 계속 올라가면 어떻게 될까?(22~25쪽)

② 산호초는 왜 죽었을까?

③ 산호초가 죽으면 바다에는 어떤 일이 벌어질까?

■ 주제 : 지구온난화와 산호

1장의 '지구 평균기온 1℃'(20쪽)

2장의 '산호의 조난신호, 백화현상'(61쪽)

3. 플라스틱 소비의 위험성

① 먹이사슬 맨 위에 왜 사람이 있을까?(26~27쪽)

② 우리 몸에 얼마나 많은 플라스틱이 있을까?

③ 미세플라스틱이 왜 위험할까?

■ 주제 : 플라스틱과 미세플라스틱

  1장의 '플라스틱, 헤어질 결심'(37쪽)

  5장의 '미세플라스틱, 내 옷이 주범'(143쪽)

4. 기후위기에 맞선 사람들의 노력

① 바다 쓰레기를 없앨 수 없을까?(28~31쪽)

② 보얀 슬랫 영상 찾아보기

③ 보얀 슬랫의 노력과 미덕 찾기

■ 주제 : 기후행동가 인물

  4장의 '오션클린업, 보얀 슬랫'(103쪽)

5. 기후위기 홍보자료 공유하기

① 그림책 속 그림을 활용하여 홍보자료 만들기

② 강조하고 싶은 것, 친구에게 꼭 알려주고 싶은 내용 담기

③ 소개하고 게시하기

■ 주제 : 기후위기 알리기

10장의 '기후환경 계단에 발을 딛다'(243쪽)

그림책 질문 놀이로 읽기

짝과 함께 배움 주제의 그림 장면으로 [그림 까바놀이 → 짝과 소리 내어 읽기 → 질문 만들기]를 패턴화하여 잘 익히면 짝끼리 자연스럽게 진행하며 효율적인 수업을 할 수 있습니다.

1. 짝과 함께 그림책 읽기

그림책을 함께 보는 방법은 다양합니다. 교사가 읽어줄 수도 있고, 학생들이 각자 자신의 책을 가지고 있다면 각자 읽기를 할 수도 있습니다. 또는 두 명이 한 권, 모둠에서 한 권을 함께 읽을 수 있겠지요. 프로젝트로 운영할 때는 학생들이 실제 그림책을 보면서 수업을 진행하면 좋겠습니다. 개별이 아니라면 짝과 함께 볼 수 있게 준비해주면 좋습니다.

2. 그림 까바놀이[16]로 관찰력 키우기

그림을 살펴보며 보이는 것들을 짝과 이야기합니다. 이때 짝이 한 말을 '까'로 바꾸어 말합니다. '까바놀이'는 짝이 한 말을 '까'로 바꾸어 되 말하면서 서로 문장을 주고받는 놀이입니다.

---

16 『하브루타 질문 수업에 다시 질문하다』 양경윤 저, 테크빌교육

〈향유고래의 뱃속에 쓰레기가 가득 차 있는 장면〉

태영 : 사람들이 고래 뱃속에서 쓰레기를 꺼내고 있습니**다.**

성민 : 사람들이 고래 뱃속에서 쓰레기를 꺼내고 있습니**까?**

성민 : 고래 뱃속에 타이어도 있습니**다.**

태영 : 고래 뱃속에 타이어도 있습니**까?**

이렇게 짝이 '다'로 끝나는 한 문장을 말하면, 다른 짝이 그 문장의 끝을 '까'로 바꾸어 말한 후 자신도 '다'로 끝나는 한 문장을 말합니다. 그러면 이번에는 처음 말한 짝이 '까'로 끝나는 문장으로 바꿉니다. 이렇게 번갈아 가면서 하는 활동입니다.

까바놀이를 하는 동안 그림에 담긴 정보를 자세히 살펴보게 됩니다. 서로 말을 주고받아야 하기 때문에 그림에 담긴 상황에 집중하게 되는 효과도 있고요. 관찰력과 상상력을 신장시킬 뿐만 아니라 짝과 함께 활동하다 보니 재미있고 즐겁습니다. 이것은 수업에 참여할 동기를 유발합니다.

3. 짝 대화로 질문 만들기

그림책의 내용을 소리 내어 읽고 궁금한 점을 찾아 질문을 작성합니다. 아이들이 스스로 만든 질문은 생각을 여는 문입니다. 질문을 만들고 생각을 짝과 나누며 기후위기에 대한 고민을 함께 할 수 있습니다. 아이마다 궁금한 게 다르고 바라보는 관점도 다양합니다. 짝과 함께 질문을 만드는 과정은 학습의 즐거움도 느끼고 다양한 관점에서 문제를 바라볼 수 있게 합니다. 짝과 함께하기에 학습에 대한 부담도 적고 모든 학생이 수업에 참여하게 되는 이점도 있습니다. 낯선 기후 위기 관련 어휘를 의미 있게 습득할 수 있고 독해력도 신장시킬 수 있습니다.

4. 마음소리정서카드 활용하기

그림책을 읽고 스미는 자신의 마음을 마음소리정서카드[17]에서 찾아 그 마음이 든 이유를 짝과 이야기 나눕니다. 그런 마음이 들어서 어떤 말, 어떤 행동을 하고 싶은지 이야기 나누며 기후행동을 위한 실천의 밑거름을 다집니다.

보람	자신감	공포	분노	부끄러움	후회
희망	기쁨	불안	두려움	무기력	답답함
성취	즐거움	반감	걱정	슬픔	지루함
만족감	자랑스러움	무서움	경멸	창피함	좌절감
행복	신남	초조	놀람	우울감	쑥스러움
뿌듯함	사랑	괘씸	짜증	불행	외로움
재미	흐뭇함	화	조마조마	괴로움	불쌍함
감동	고마움	미움		서운함	속상함
설렘					

5. 배움 공책에 배움 글쓰기

오늘 공부로 알게 된 것, 느낀 점, 다른 사람에게 특히 알려주고 싶

---

17 마음소리정서카드, 문곡에듀플랫폼

은 것 등을 자유롭게 에세이 형식으로 씁니다. 배움 내용을 정리하며 내면화하는 과정이라 할 수 있습니다. 배움 공책에 차곡차곡 기록한 내용은 학생들의 인식 변화와 실천 의지를 보여줍니다.

6. 가족에게 알리기

부모님께 오늘 배운 내용을 설명하도록 과제를 줍니다. 배움 공책을 가정으로 보내 부모님이 아이들의 글에 댓글을 달아보게 하는 방법도 있습니다. 과제를 통해 기후위기에 대한 학부모의 인식 변화를 유도할 수 있겠지요. 학교에서의 배움이 가정으로 확대된다면 실천으로 이어지기 쉽습니다.

* '고래를 삼킨 바다 쓰레기' 수업 : 땡스에듀 블로그 or 유튜브 참고

　https://blog.naver.com/thanksedu/222873912706

동화로
'한 학기 한 권 읽기'

　기후환경 주제를 담은 동화로 온작품읽기를 하면 함께 읽기의 즐거움을 느낄 뿐 아니라 우리가 지켜야 할 지구의 환경보호까지 생각을 확장해나갈 수 있습니다. 동화 속 배경과 상황을 인식하고 기후위기 생태전환을 주제로 이야기 나누며 관련 기사나 동영상을 찾아보면서 기후위기에 대한 아이들의 이해를 도울 수 있습니다.

　함께 읽기를 진행할 경우 동화에 들어있는 기후위기 생태전환 주제와 차시별 학습 내용을 미리 연결하여 구성합니다. 온작품읽기 시간에 기후환경 문제를 모두 다루기는 어렵습니다. 책 내용을 찬찬히 살펴보며 꼭 다루었으면 하는 주제를 고르면 됩니다.

빨간 여우의 북극 바캉스[18]

　주인공 빨간 여우는 눈과 얼음으로 덮인 하얀 북극을 떠올리며 북극

18　오주영 글, 심보영 그림, 사계절

에서 보내는 바캉스를 상상합니다. 그러고는 홀린 듯 자신이 운영하는 여우 찻집 문을 닫고 고드름호에 몰래 오릅니다. 결국 고드름호를 지키는 호랑이 대장, 늑대 선장, 담비 박사에게 들켜 청소 업무를 맡게 되지만 어쨌든 북극으로 떠날 수 있게 됩니다.

그런데 막상 도착한 북극의 모습은 빨간 여우가 기대했던 곳이 아니었습니다. 그곳에는 지구온난화와 바다 쓰레기로 고통받고 있는 북극곰과 고래가 살아가고 있습니다. 지구가 점점 뜨거워져 해빙이 녹아 서식지와 먹이를 잃어버린 북극곰, 바다 쓰레기를 잔뜩 삼켜 만성 소화불량에 시달리는 고래의 모습은 안타까움을 자아냅니다. 그리고 고래잡이 어선이 아닐까 의심했던 고드름호의 정체는 북극의 천연가스를 연구하고, 더 나은 환경의 지구를 만들기 위해 애쓰는 연구선이었음이 밝혀집니다.

『빨간 여우의 북극 바캉스』를 쓴 오주영 작가는 북극에서 지낸 경험을 바탕으로 이 동화를 썼다고 합니다. 먹이를 먹지 못해 앙상하게 마른 곰, 쓰레기를 배에 담고 소화불량에 시달리는 고래 등의 설정은 오히려 현실적으로 다가옵니다. 북극이라는 배경, 지구 환경 파괴로 고통받는 동물, 그로 인해 발생하는 사건들은 비단 동화 속 이야기만은 아닐 겁니다.

기후위기 생태전환 주제 연결하기

동화의 흐름과 내용에 포함된 기후환경 문제를 이 책에서 소개하는 주제와 연결하여 수업에 활용할 수 있도록 구성했습니다.

1. 북극곰이 처한 어려움과 그 원인

　① '예의 바른 북극곰'(45~62쪽) 함께 읽기

　② 북극의 상황과 북극곰이 처한 어려움 인식하기

　　－ 빙하가 녹는 이유와 지구가 뜨거워지는 원인 탐색하기

　③ 지구온난화를 막기 위해 내가 할 수 있는 일 토의하기

　■ 주제 : 지구온난화와 빙하

　　1장의 '지구 평균기온 1℃'(20쪽)

　　1장의 '빙하가 사라지면'(41쪽)

2. 바다 쓰레기와 고통받는 해양생물

　① '고래 시합에 심판 보기'(63~76쪽) 함께 읽기

　② 고래 뱃속이 왜 바다 쓰레기로 가득 찼는지 이야기하기

　③ 해양쓰레기로 고통받는 해양생물 자료 살펴보기

　④ 해양생물의 안전을 위해 내가 할 수 있는 일 찾아보기

　■ 주제 : 쓰레기와 생물다양성

　　1장의 '플라스틱, 헤어질 결심'(37쪽)

　　2장의 '줄어든 고래 똥, 지구가 위험해!'(49쪽)

3. 미세플라스틱과 바다 오염

　① '해적이 나타났다'(77~92쪽) 함께 읽기

　② 미세플라스틱이 생기는 원인과 과정 알아보기

　③ 미세플라스틱에 대해 알게 된 것 이야기하기

④미세플라스틱을 줄이기 위해서 우리가 할 수 있는 일 생각해보기

■ 주제 : 미세플라스틱

5장의 '미세플라스틱, 내 옷이 주범'(143쪽)

10장의 '미래를 위한 설거지'(266쪽)

4. 친환경 제로웨이스트 여우 찻집 소개하기

①『빨간 여우의 북극 바캉스』를 다 읽고 이어질 뒷이야기 상상하기

②빨간 여우가 북극에서 겪은 일을 떠올리며 여우 찻집이 어떤 모
습으로 변할지 이야기 나누기

③친환경, 제로웨이스트의 의미 알아보기

④친환경 제로웨이스트 여우 찻집 소개하기

■ 주제 : 제로웨이스트

10장의 '아주 작은 용기'(252쪽)

5. 재활용품으로 실천 다짐 조형물 만들기

①재활용품을 활용한 미술작품 알아보기

②재활용품을 사용하면 좋은 점 이야기 나누기

③기후위기 대응 실천 다짐 표현하기

④작품 게시하고 공유하기

■ 주제 : 재활용품

10장의 '우유팩은 종이가 아니야'(247쪽)

온작품읽기 활용 팁

온작품읽기는 각 장의 내용을 확인하며 떠오르는 질문에 대한 생각을 주고받는 과정이 중요합니다. 내 생각을 말하고 다른 사람의 감상에 귀 기울일 때 폭넓게 책을 이해할 수 있겠지요. 간단한 내용 확인 질문에서 학생들의 생활과 관련 있는 질문으로 점차 깊이를 더해가며 이야기를 나누면 더욱 좋습니다. 인물의 마음을 짐작하고 뒷이야기를 상상하며 다양한 표현 활동과 연계한다면 온작품읽기 시간이 더 풍성해집니다.

1. '북극' 마인드맵 그리기

'북극' 하면 떠오르는 것을 생각그물 형식으로 표현하는 활동입니다. '북극'은 사건의 배경이 되는 장소로 이야기에서 매우 중요한 역할을 합니다. '북극'에 대한 배경지식을 상기시키기보다 지금 '북극'의 모습이 바뀌고 있다는 사실을 아이들이 책을 읽고 난 뒤에 깨닫게 될 것을 예상하고 하는 '책 읽기 전 활동'입니다.

2. 이어질 이야기 예상하기

이어질 이야기를 예상해보는 활동은 읽기에 흥미와 호기심을 불러일으킵니다. '고드름호는 무슨 일을 할까요?', '빨간 여우는 고드름호가 불법 고래사냥 배라고 짐작하면서도 모르는 척해도 될까요?' 등의 질문에 책에서 단서를 찾아내 생각을 말합니다. 책을 읽는 아이 중에는 고래잡이가 불법이라는 사실을 알지 못하는 아이도 있을 겁니다. 아이들이 가진 배경지식 정도를 확인하고 활성화할 수 있도록 고래사냥의 문제점, 멸종위기 고래에 관한 이야기도 주고받을 수도 있습니다.

3. 북극 여행을 다녀온 여우의 마음 짐작하기

북극을 다녀오기 전과 후, 빨간 여우의 마음은 다릅니다. 북극에서 시원한 여름을 보낼 수 있을 거란 기대는 무너지고 마음의 짐만 잔뜩 안고 집으로 돌아오지요. 북극 여행 후 빨간 여우가 어떤 마음일지 짐작하고 자신의 생활을 어떻게 변화시킬지 함께 이야기를 나눕니다. 빨간 여우의 마음과 책을 읽은 아이들의 마음이 통하는 활동입니다.

4. 달라진 여우 찻집 상상해서 표현하기

여우 찻집으로 돌아온 빨간 여우가 북극 여행을 통해 깨달은 것들을 어떻게 실천하는지 상상할 수 있습니다. 내가 여우라면 어떻게 여우 찻집을 운영할지 생각하고, 달라진 여우 찻집을 홍보하는 전단지를 그려보는 활동입니다. 아이들은 여우 찻집이 일회용 플라스틱 컵과 빨대를 사용하지 않는, 환경을 생각하고 다른 생명을 존중하는 '친환경 가게'가 될 거라고 예상했습니다.

5. 가장 인상 깊은 한 문장 옮겨 쓰기

교과 시간 외에 각자 자유롭게 묵독하며 한 번 더 책을 읽을 기회를 줍니다. 찬찬히 책을 다시 넘겨보며 가장 인상 깊은 한 문장을 골라 옮겨 씁니다. 가장 많은 아이가 꼽은 부분은 고래가 뱉어낸 플라스틱과 미세플라스틱에 대한 부분이었습니다.

"뭔가 입에서 튀어나오기 시작했습니다. 부서진 돛, 찌그러진 기타, 냄비와 프라이팬, 때 묻은 인형, 우산과 낡은 모자, 밑창이 떨어진 신발…"
"여우씨, 바다는 죄다 이어져 있구먼유. 플라스틱은 북극 새우 몸에서도 우리가 먹는 생선 통조림에서도 나와유."

◈ 같은 주제, 다른 동화 ◈

#바다쓰레기

『안녕, 바다 안녕 별주부』 장지혜 지음, 양수홍 그림, 나무생각

『우리를 구해 줘!』 조경희 글, 이갑규 그림, 봄마중

기후환경 주제 맞춤
그림책

그림책이나 동화를 활용하여 생태전환교육을 할 때 교육과정과 밀접하게 연계한 프로젝트로만 진행해야 한다면 시작하기가 부담스러울 수도 있습니다. 그러나 그림책으로 한두 차시를 할애하여 기후환경 수업을 한다면 가벼운 마음으로 시작할 수 있을 겁니다.

한 차시로 기후환경 수업을 할 때는 다양한 주제를 내포한 것보다는 한두 가지의 주제를 다루는 그림책을 선택하는 것이 좋습니다. 그림책 하나에 기후환경 주제 한 가지를 인식할 수 있게 수업해보시길 바랍니다.

이 책에서는 하나의 주제로 수업을 하고 또 다른 책을 활용하실 수 있도록 같은 주제 다른 그림책을 소개하고 있습니다. 기후위기 생태전환교육의 중요성이 점점 커지면서 최근에 다양한 그림책이 출간되고 있습니다. 아이들과 함께 이야기 나누고 싶은 기후환경 주제에 맞는 그림책을 골라 재미있고 의미 있는 수업을 해보시길 바랍니다.

지구온난화와 빙하 – 『눈보라』

'북극곰' 하면 어떤 이미지가 그려지나요?

복슬복슬 새하얀 털의 포동포동한 몸집으로 탄산음료를 마시는 귀여운 모습을 떠올리셨나요? 북극곰의 모습도 이와 같을까요? 얼마 전 북극에서 찍힌 비쩍 마른 북극곰의 실제 모습에 사람들은 경악했었지요. 우리가 익히 알고 있던 우람한 모습은 온데간데없이 뼈만 남은 앙상한 모습은 그야말로 충격이었습니다.

『눈보라』[19]는 빙하가 녹아 먹을 것을 찾지 못한 북극곰이 사람들이 사는 마을로 내려와 겪는 아픈 이야기를 담고 있습니다. 사람들의 이기심뿐만 아니라 멸종위기 동물, 지구온난화, 북극 빙하, 공존의 가치 등 폭넓은 주제의 이야기를 나눌 수 있는 그림책입니다.

『눈보라』를 어떻게 수업 시간에 활용할까요?

배경과 사건, 인물의 마음에 초점을 두고 국어 수업으로 진행할 수도 있고 북극과 북극곰의 생태를 중심으로 과학 수업으로 구성할 수도 있습니다. 미술 교과 표현활동을 넣을 수도 있지요. 교과 외에 창의적 체험활동 시간에도 충분히 활용할 만합니다. 기후위기 대응 생태전환 프로젝트와 연계하여 책 내용과 주제를 학생들의 삶으로 가져와 실천으로 이어지게 한다면 더할 나위 없습니다.

기후환경 주제 그림책을 깊이 있게 읽으며 교과와 창체 시간에 유연하게 활용해보길 바랍니다.

---

19 강경수 글 · 그림, 창비

기후위기 생태전환 주제 연결하기

책에서 소개하고 있는 주제와 연결하여 활용할 수 있습니다.

　　1장의 '지구 평균기온 1℃'(20쪽)

　　1장의 '빙하가 사라지면'(41쪽)

··· 이런 수업 어때요? ·······························

주제 : 북극곰이 처한 어려움과 그 원인 인식하기

수업 의도 : 그림책을 읽으며 등장인물(북극곰)의 상황과 마음을 이해

하고 동영상을 활용하여 지구온난화가 북극 생명과 인간에게 미치는

영향을 탐구한다.

1. 질문하고 내용 예상하기

　① 표지 까바놀이 하기

　　－ 북극곰처럼 생긴 동물이 쓰레기통을 뒤집니**다.**

　　　→ 북극곰처럼 생긴 동물이 쓰레기통을 뒤집니**까?**

　　－ 북극곰 금지 표지판이 보입니**다.**

　　　→ 북극곰 금지 표지판이 보입니**까?**

　② 궁금한 것 질문 만들기

　　• 왜 북극곰이 쓰레기통을 뒤지고 있을까?

　　• 북극곰은 어떻게 사람들이 사는 마을로 내려온 걸까?

• 북극곰 금지 표지판을 왜 만들었을까?

③ 제목과 표지 그림으로 내용 예상하기

2. 그림책 내용 확인하기

① 그림책 함께 읽기

② 내용 확인하며 읽기

• 마을에서 가장 나이 많은 노인이 한 말, "날씨가 추울 때는 북극곰들이 마을로 오지 않았는데……."는 무슨 뜻일까요?

③ 인물의 마음 짐작하며 읽기

• 북극곰은 자신이 판다가 아니란 걸 알게 된 인간들이 자신을 노려볼 때 어떤 마음이었을까요?

④ 뒷이야기 상상하며 읽기

• 마을에서 쫓겨난 주인공 눈보라는 어떻게 되었을까요?

• 사냥꾼의 마지막 말, "녀석도 이번에 혼났으니 사람들 곁으로 안 올 겁니다. 영원히"에서 '영원히'는 어떤 의미일까요?

⑤ 해결 방법 생각하며 읽기

• 마을 사람들과 북극곰이 함께 행복하게 살 수 있는 방법은 없을까요?

⑥ 가치와 미덕 탐색하기

• 마을 사람들에게 필요한 미덕이나 알려주고 싶은 가치는 무엇인가요? 왜 그렇게 생각했나요?

3. 동영상 자료 활용하기

① 북극곰의 사연, 영상으로 확인하기

- 북극곰이 처한 현실을 담은 영상을 찾아 함께 시청하기

- 북극곰이 사람들이 사는 마을까지 내려올 수밖에 없었던 이유 찾기

② 마음, 감정 나누기

- 영상을 본 소감을 마음소리정서카드를 활용하여 표현하기

③ 북극곰이 처한 위기의 원인 탐색하기

4. 재활용품을 이용하여 북극곰 살리기 실천 다짐하기

① 해결 방법을 탐구하기

- 빙하와 북극곰을 지키기 위해 일상생활에서 실천할 수 있는 일 모둠 토의하기

② 실천 다짐 조형물 만들기

- 재활용품을 이용하여 기후위기 대응 실천 다짐 조형물 만들기

- 기후위기 대응 실천 다짐 쓰기

③ 알리기, 공유하기

- 학생들의 작품을 복도에 게시하여 다른 반 학생들에게 소개하고 기후위기 대응 실천을 독려하는 기회 갖기

자연 친화적인 삶, 자연의 고마움 – 『형제의 숲』

『형제의 숲』[20]은 판형이 크고 색감이 뛰어나 표지만으로도 훌륭한 미술작품을 보는 것 같습니다. 나무와 숲, 강, 인간이 어우러져 편안하면서 시원한 느낌을 줍니다.

이 그림책은 구성이 특이해서 펼친 면의 두 장면을 비교하며 읽는 재미가 있는데요. 왼쪽은 **자연 친화적인 삶**을 보여주고 오른쪽은 **자연을 도구화하는 인간 중심의 삶**을 그려냈습니다.

읽는 사람에 따라 다양한 층위로 해석할 수 있다는 점도 매력입니다. 먼저 자연을 대하는 인간의 태도에 따라 달라지는 환경을 보여주며 **자연의 소중함과 고마움**을 인식하자는 메시지로 읽을 수 있습니다.

---

20 유키코 노리다케 글 · 그림, 이경혜 옮김, 봄볕

또는 자연을 이용하는 것을 선택의 문제로 보고 가치중립적으로 그림을 그려냈다고 생각할 수도 있습니다. 그 밖에 읽는 사람의 경험과 배경지식에 따라 폭넓게 해석할 수 있습니다. 분명한 것은 작가는 읽는 사람에게 '당신은 어떤 삶을 지향합니까?'라고 계속 질문하고 질문을 받은 독자는 자연과 인간의 관계에 대해 생각하는 계기가 될 것입니다.

아이들과 함께 『형제의 숲』을 볼 때는 그림을 비교하며 작가의 의도까지 짐작하며 천천히 읽으면 좋습니다. 초등학교 고학년 이상의 아이들과 토론수업을 해도 좋습니다. 친구들과 생각을 주고받으며 가치를 찾아보고 자연의 소중함을 느끼는 시간이 되길 기대합니다.

기후위기 생태전환 주제 연결하기

10장의 '자연을 따라 가요'(256쪽)
10장의 '자연물 활용 수업'(261쪽)

··· 이런 수업 어때요? ································

주제 : 자연을 이용하는 바른 태도 기르기

수업 의도 : 그림책 속 두 등장인물의 행동은 자연을 훼손하지 않고 있는 그대로 존중하는 모습과 최대한 활용하여 편리한 생활을 누리는 모습으로 대조된다. 두 삶의 모습을 비교하여 읽으며 자연의 고마움을 인

식하고 자연을 대하는 올바른 가지와 태도를 기르고자 한다.

1. '숲' 떠올리기

① 눈을 감고 '숲'을 떠올리기

　－'숲' 하면 떠오르는 이미지, 색깔, 소리 표현하기

② 숲에 가본 경험 나누기

　－숲에서 본 것, 느낌 나누기

③ 제목과 표지 살펴 내용 예상하기

2. 그림책 내용 확인하기

① 함께 읽으며 내용 확인하기

　• 빨간 머리에 흰 원피스를 입은 소녀는 누구일까요?

② 펼친 면의 왼쪽과 오른쪽 장면 비교하며 읽기

　－왼쪽과 오른쪽 장면을 보고 같은 점과 다른 점을 찾아 이야기
　해봅시다.

③ 이어질 장면을 예상하며 읽기

3. 소감 나누기

① 작가의 의도 짐작하기

② 책을 읽은 소감 나누기

③ 우리를 둘러싼 자연에 관심 두기

　• 우리를 둘러싼 자연환경에는 무엇이 있을까요?

- 여러분은 자연을 어떻게 즐기며 이용하고 있나요?
- 자연을 대할 때 우리는 어떤 마음과 태도를 지녀야 할까요?

④ 제목을 다시 짓는다면?

- 작가의 의도와 책을 읽은 나의 느낌을 담아 새로운 제목 지어 보기

4. 토론 주제 찾기

① 나의 가치 표현하기

- 두 삶의 모습의 장단점 탐색하기
- 비교되는 두 장면을 보고 나는 어떤 것을 선택할지 이야기하기
- 내가 만약 등장인물 중 한 명이라면 어떤 삶을 살아가고 싶은 지, 어떤 선택을 할지 이야기 나누기

② 모둠원과 함께 토론 주제 정하기

- 찬반 논거가 균형 있게 나올 수 있는 주제를 모둠에서 선정하기

③ 토론하기

- 우리 반 토론 주제로 가치 수직선 토론하기

◈ **같은 주제, 다른 그림책** ◈

#자연과 더불어 사는 삶 #자연 친화적인 삶 #자연의 고마움

『다시 초록 섬』 다니엘 몬테로 갤런 지음, 유영초 해설, 한울림어린이

『나무늘보가 사는 숲에서』 아누크 부아로베르 · 루이 리고 지음, 이정

주 옮김, 보림

『내 친구 지구』 패트리샤 매클라클랜 글, 프란체스카 산나 그림, 김지
은 옮김, 미디어창비

『우리가 함께 쓰는 물, 흙, 공기』 몰리 뱅 지음, 엄혜숙 옮김, 도토리나무

『숲으로 간 사람들』 안지혜 글, 김하나 그림, 창비

지구온난화와 빙하, 기후난민, 기후불공정
–『투발루에게 수영을 가르칠 걸 그랬어!』

태평양의 섬나라 투발루 장관의 수중연설은 기후위기의 심각성을
일깨우며 화제가 되었습니다. 그는 수중연설을 통해 기후위기의 심각
성을 호소하며 수물 위기에 처한 섬나라의 현실을 대변했습니다. 9개
의 섬으로 이루어진 투발루 왕국은 지구온난화로 수면이 높아져 이미
2개의 섬이 물에 잠겼고 나머지 섬도 위험합니다. 그는 지구온난화로
인해 어쩔 수 없이 삶의 터전을 잃는 사람들의 이동, 즉 '기후 이동성
(climate mobility)'을 고려해달라고 호소했지요.

『투발루에게 수영을 가르칠 걸 그랬어!』[21]는 투발루의 상황과 지구
온난화의 영향을 잘 보여주는 그림책입니다. 투발루에 살고 있는 여
자아이 로자는 섬이 물에 잠기기 전에 섬을 떠나야 합니다. 그런데 늘
함께 놀던 고양이 친구 '투발루'가 보이지 않습니다. 할 수 없이 '투발

---

21 유다정 글, 박재현 그림, 미래아이

루'를 투발루에 두고 떠나게 되지요. 물을 싫어하고 수영을 못하는 '투발루'를 섬에 홀로 남겨두고 가는 로자는 마음이 너무 아픕니다. 로자의 간절한 소원은 투발루로 돌아와 '투발루'와 함께 사는 것이죠. 그런데 그런 날이 올 수 있을까요?

기후위기 생태전환 주제 연결하기

1장의 '지구 평균기온 1℃'(20쪽)

8장의 '가라앉는 투발루, 누구의 책임인가?'(189쪽)

··· 이런 수업 어때요? ······························

주제 : 지구온난화의 영향으로 사라지는 투발루 알아보기

수업 의도 : 그림책을 읽으며 지구온난화로 인한 해수면 상승으로 수몰 위기에 처한 투발루 등 섬나라에 관심을 가지고 기후난민의 발생 원인과 영향에 대해 인식할 수 있도록 한다.

1. 동기유발 및 내용 예상하기

① 투발루 섬의 모습과 투발루 장관의 연설 사진 보며 관심 갖기

② 표지 보며 궁금한 것 질문 만들기

③ 그림책 내용 예상하기

2. 그림책 내용 확인하기

① 내용 확인하며 읽기

- 아빠는 로자에게 왜 바닷물이 계속 불어난다고 했나요?

② 인물의 마음 짐작하며 읽기

- 로자의 마음은 어땠을까요?

③ 부록 '지구는 왜 더워지는 걸까?', '지구가 자꾸 더워지면 어떻게 되지?' 읽고 짝에게 설명하기

3. 투발루 알리기

① 투발루에 관해 조사하기

② 투발루의 상황과 위기의 원인 알아보기

③ 해결 방법 탐색하기

- 투발루가 더 이상 물에 잠기지 않게 하려면 우리는 당장 무엇을 해야 할까요?

④ 투발루와 기후위기 알리기

4. 토의하기

① 기후난민의 의미 알아보기

② 내가 만약 투발루에 사는 사람이라면 어떨지 이야기 나누기

③ '기후난민'을 주제로 토의하기

- 기후난민을 모두 받아주어야 할까?

생물다양성, 멸종위기 동물 – 『우리 곧 사라져요』

『우리 곧 사라져요』[22]는 멸종위기에 처한 바다생물과 인류에 관한 이야기입니다. 길을 잃은 민팔물고기는 가족을 찾아 헤매지만, 바닷 속에는 혼자 남은 동물들밖에 보이지 않습니다. 가시해마와 푸른바다 거북도 가족과 친구들이 모두 사라져 속상합니다.

한데 모인 바다 동물들은 바다가 얼마나 달라졌는지 이야기를 나눕 니다. 마지막에는 멸종위기 바다 동물을 소개합니다. 동물 그림과 함 께 사는 곳, 특징, 멸종위기의 원인을 알려줍니다. 주요 등장인물인 민 팔물고기는 가슴지느러미를 팔처럼 뻗어 기어서 움직이기 때문에 태 어난 곳에서 멀리 벗어나지 못합니다.

그런데 사람들이 조개 등을 잡기 위해 그물로 바다 밑을 긁어 죽게 되었고 바닷물고기 중 처음으로 공식 멸종되었다고 알려져 있습니다. 영화 '니모를 찾아서'로 친숙한 흰동가리는 그들의 쉼터인 산호가 점 차 사라지면서 수가 크게 줄어들었고요.

---

22 이예숙 글 · 그림, 노란상상

사람들의 이기심으로 바다생물의 서식지가 파괴되고 개체 수가 줄면 인간을 포함한 다른 생물도 그 영향을 받아 안전하지 못할 겁니다. 지구의 생명들은 서로 연결되어 있으니까요. 『우리 곧 사라져요』를 읽으며 건강하고 풍요로운 바다 생태계에 관해 이야기해보면 어떨까요?

기후위기 생태전환 주제 연결하기

　2장의 '산호의 조난신호, 백화현상'(61쪽)

··· **이런 수업 어때요?** ··

주제 : 바닷속 멸종위기 동물의 발생 원인 인식하고 관심 갖기

수업 의도 : 그림책을 함께 읽으며 등장인물(바다 동물)이 처한 어려움을 인식하고 인간도 멸종위기로부터 자유로울 수 없다는 걸 느끼게 된다. 부록 '멸종위기 바다 동물'을 살펴보며 멸종위기 동물의 발생 원인을 인지하고 평화롭고 조화롭게 어울려 사는 바다를 표현하는 활동으로 바다를 지키기 위한 마음을 가지게 한다.

1. 동기유발 및 내용 예상하기

　① '나는 누구일까요?' 점팔물고기 사진, 기사 보며 관심 갖기[23]

　② 표지 보며 궁금한 것 질문 만들기

---

23 [참고] 호주의 팔 달린 인어, 바다어류로 첫 멸종_조선일보, 2020.07.15

③ 그림책 내용 예상하기

2. 그림책 내용 확인하기
　① 내용 확인하며 읽기
　② 인물의 마음 짐작하며 읽기
　③ 그림책을 읽은 소감 이야기 나누기

3. 내가 바라는 바다 생태계 표현하기
　① 부록 '멸종위기 바다 동물' 함께 확인하기
　② 더 알아보고 싶은 바다 멸종(위기) 동물 조사하기
　③ 바다 생태계 파괴의 원인과 영향 탐구하기
　④ '내가 바라는 바다' 표현해서 알리기

◈ 같은 주제, 다른 그림책 ◈

#생물 다양성, 멸종위기 동물

『이제 나는 없어요』 아리아나 파피니 지음, 박수연 옮김, 분홍고래

『멸종위기 동물들』 제스 프레치 글, 제임스 길러드 그림, 명혜권 옮김,
우리동네책공장

『사라지는 동물 친구들』 이자벨라 버넬 지음, 김명남 옮김, 이정모 감
수, 그림책공작소

플라스틱 쓰레기, 해양쓰레기 - 『소원』

여러분의 소원은 무엇인가요?

사람들의 크고 작은 소원은 대개 건강하고 풍족한 생활, 행복한 삶으로 귀결될 겁니다. 『소원』[24]은 특별한 소원 이야기를 담았습니다. 그 특별한 소원이 세상에 흔적도 없이 사라지는 것이라고 합니다. 소원이 '사라지는 것'이라니요? 바로 일회용 플라스틱병의 소원입니다.

편의점 냉장고에 진열되고 마트에서 쉽게 사는 그 탄산음료 플라스틱병 말이죠. 『소원』 속 플라스틱병은 다슬기를 잡는 여자아이의 장난감이 되었다가 개울가에 버려집니다. 쓰레기 산으로 옮겨지고 바다쓰레기로 변한 플라스틱은 바다생물의 가짜 먹이가 되어 그들의 생명을 위협합니다. 어미 바닷새는 잘게 쪼개진 플라스틱을 먹이로 착각해 아기 새에게 건네줍니다. 누구에게도 피해를 주고 싶지 않은 플라스틱병은 제발 자신이 흔적도 없이 사라지길 바랍니다.

그림책을 깊이 있게 읽으면 플라스틱 쓰레기에 대한 폭넓은 주제를 다룰 수 있습니다. 쓰레기가 이동하는 과정, 쓰레기 산에서 살아가는 사람들의 모습, 플라스틱 쓰레기가 쪼개지고 변형되는 과정, 바다생물을 위협하는 상황을 알려주는 장면을 활용해보면 좋겠습니다.

기후위기 생태전환 주제 연결하기

1장의 '플라스틱, 헤어질 결심'(37쪽)

---

24 박혜선 글, 이수연 그림, 발견

··· **이런 수업 어때요?** ···

주제 : 플라스틱 쓰레기가 바다생물에 미치는 영향 인식하기

수업 의도 : 그림책을 꼼꼼히 읽으며 플라스틱 쓰레기의 이동 과정을

살펴본다. 플라스틱 쓰레기가 바다생물에 미치는 영향과 쓰레기 섬에

대해 이해하고 일회용 플라스틱 사용을 줄이기 위한 노력을 다짐할 수

있게 한다.

1. 소원을 떠올리며 이야기 나누기

　① 짝과 함께 소원 이야기 나누기

　② 그림책 내용 예상하기

　　– 표지를 보고 누구의, 어떤 소원일지 예상하기

2. 그림책 내용 확인하기

　① 내용 확인하며 읽기

　　• 한데 모인 쓰레기가 이동한 낯선 마을은 어디일까요?

　　• 사람들은 왜 쓰레기 더미에서 생활하고 있을까요?

　② 인물의 마음 짐작하며 읽기

　　• 플라스틱병의 소원은 누구를 위한 소원인가요?

3. 쓰레기 섬 알아보기

　① 쓰레기의 이동 과정 알아보기

• 내가 버린 쓰레기는 어디로 이동할까요?

② 쓰레기 섬 알아보기

  - 쓰레기 섬의 위치와 상황 조사하기

  - 쓰레기 섬이 생긴 이유와 영향 탐구하기

③ 아름다운 바다를 지키기 위한 실천 다짐하기

  - 가족과 함께 일회용 플라스틱 제품 사용 줄이기 실천하기

◈ 같은 주제, 다른 그림책 ◈

#플라스틱 쓰레기 #미세플라스틱

『플라스틱 섬』 이명애 지음, 상출판사

『할머니의 용궁 여행』 권민조 글·그림, 천개의바람

『미세미세한 맛 플라수프』 김지형·조은수 글, 김지형 그림, 두마리 토끼책

『플라스틱이 온다』 빅토리아 퍼즈 지음, 홍선욱 옮김, 한울림어린이

『플라스틱 인간』 안수민 글, 이지현 그림, 국민서관

10장

함께 행동하고
실천해요

기후변화를 막는 것은 공동의 노력이다.
그것은 공동의 의무라는 것,
그리고
너무 늦지 않았다는 것을 의미한다.

크리스틴 리가르드

지구를 위해 다 함께 외치다

수리수리 마하수리 얍!

아브라 카다부라!

비비디 바비디부!

"왜 그래, 무슨 일이야?"

갑자기 큰 소리로 마법 주문을 외치며 온 교실을 돌아다니는 태영이를 보면서 아이들은 웅성거렸다. 입으로 마법 주문을 외치고 표정은 꽤나 심각해 보였다.

"내가 몇 년간 부모님이랑 기후환경을 위해 노력해왔다는 거 너희도 알지? 그런데 사람들이 아직도 잘 모르더라고. 내 마음이 너무 답답해. 마법 주문이라도 외치면 모든 사람이 함께 실천해주지 않을까 하는 마음에 한번 외쳐봤어."

"하하하. 태영아, 덕분에 이미 우리 반 모두는 너의 마법에 걸렸고 마법을 전수 받았잖아."

"난 종이컵은 아예 안 써." "우리 집은 플라스틱 재활용 철저히 해."

"난 주말마다 플로깅 간다." "네 덕분에 난 물티슈 안 쓴다."

아이들이 자신이 실천하고 있는 것을 한마디씩 했다.

"네 덕분에 우리 모두 지구를 구하는 마법사가 되었어!"

기후환경 계단에
발을 딛다

'기후위기 캠페인' 하면 어떤 모습이 떠오르나요?

학교 앞이나 현관 출입구에서 피켓을 든 학생이 '지구를 살립시다' 하고 외치는 모습인가요? 교실 창문과 게시판에 학생들이 쓴 홍보글이 붙어 있는 모습인가요?

그런데 이러한 일반적인 방식은 많은 준비를 하지 않고도 실행할 수 있어 편한 반면, 지속성이 떨어진다는 단점이 있습니다. 또한, 캠페인 활동 시기나 기간이 지나면 활동 결과물이 폐기되기 쉽고 쓰레기가 발생하기도 합니다. 캠페인을 준비하다 보면 이런저런 고민이 될 때가 많습니다. 학교 캠페인 활동 시 다음과 같은 점들을 염두에 두면 좋겠습니다.

모든 학생이 참여하는가?
교사와 학생이 쉽게 참여할 수 있는가?

참여의 재미와 설렘을 느낄 수 있는가?

캠페인 활동이 일회적 행사에 그치지 않고 지속성을 가지는가?

이런 것이 충족된다면 쉽게 참여해볼 수 있지 않을까요?

함께 실천해요

1. 캠페인 공모 알리기

① 기후위기 관련 문구를 부착할 수 있는 공간 찾기

- 잠시 학교 내 물리적 환경을 둘러볼까요? 계단, 신발장, 게시판 등 아이들이 매일 지나는 곳곳이 캠페인 문구를 내걸 수 있는 장소입니다. 특히, 중앙 계단은 학생들의 이동이 많은 곳으로 캠페인 문구를 붙여 효과를 보기에 아주 적절한 장소입니다.

② 기후위기 대응 실천 문구 공모 알리기

- 학교의 전 학급에 캠페인 공모를 알립니다. 참여하는 모든 반에 간단한 선물을 주며 적극적인 참여를 유도해볼 수 있습니다.

2. 캠페인 공모에 참여하기

① 공모 문구 작성 방법과 활동지 안내하기

- 활동지는 모둠에서 작성할 수 있는 형태로 1층 아래쪽 계단부터 3층 위쪽 계단까지 기후위기 관련 주제를 정해 모둠별로 협

의한 내용의 문장 또는 문구를 넣도록 안내합니다.

② 모둠 협의로 캠페인 문구 작성하기

- 활발한 의사소통 과정에서 그동안 공부한 내용도 주고받고 다른 사람의 마음을 움직일 수 있는 문장을 만듭니다.

3. 캠페인 문구 선정하기

학생마다 기후 문제 인식의 차이가 있기 때문에 누가 더 잘했고 못했는지 비교하기보다 학생들이 스스로 자료도 찾아보며 관심을 가지고 참여했다는 것에 의의를 둡니다. 학교 전체의 캠페인 문구를 취합하여 선정위원이 캠페인 문구를 뽑습니다. 이때 의미가 통하거나 비슷한 문장은 합치는 등 약간의 수정 과정이 필요하겠지요.

4. 소감 나누기

① 기후환경 계단 오르기

- 캠페인 문구가 설치된 뒤 반 아이들과 함께 중앙 계단에 가서 확인합니다. 기후행동을 가장 잘 표현한 문장은 무엇인지, 어떤 글귀가 가장 마음에 와닿는지, 내가 바로 실천할 수 있는 내용을 담은 문구는 무엇인지 등 이야기하는 시간을 줍니다.

② 실천의지 다지기

- 아이들은 매일 자기들이 손수 만든 기후위기 문구를 눈에 담고 계단에 발을 디딥니다. 기후위기 계단은 아이들이 기후위기 인식을 머리와 마음에 새겨 기후행동으로 나아가길 바라는 마음

을 담고 있습니다. 캠페인 문구를 작성하던 마음을 기억하고, 계단을 오르는 것처럼 차곡차곡 실천하자는 의미를 넣어서요.

[학생들이 만든 기후위기 대응 캠페인 문구]

- 일회용품 사용 줄이기, 나부터!
- 우리가 사용하는 플라스틱, 다시 우리에게 돌아와요.
- 내가 줄이는 플라스틱, 지구를 건강하게 만드는 힘이 되지요.
- 우리 드라이브할까? 아니요! 산책하는 거 어때요?
- 엄마! 비닐봉지 대신 장바구니를 들어요.
- 지구, 하나밖에 없는 우리의 집!
- 지구, 아이스크림보다 더 빨리 녹고 있어요.
- 우리가 지구를 아껴주면 지구는 우리 미래를 보호해줘요.

우유팩은
종이가 아니야

딩동댕.

아파트 관리실에서 알려드리겠습니다.

페트병을 분리배출하실 때는 라벨을 꼭 제거하시고, 잔여 내용물이
남아있지 않도록 안을 세척하여 분리해주시기 바랍니다.

비닐의 경우 재활용 마크가 없는 유색 비닐류는 쓰레기종량제봉투
에 버려주시기 바랍니다.

스티로폼의 경우….

제대로 된 분리배출을 요청하는 안내방송입니다. 우리가 열심히 분
리배출을 하고 재활용에 힘쓴다고 하지만, 겨우 50% 정도 가능하다
고 합니다. 실제로 재활용이 되기 위해서 제대로 된 분리배출이 꼭 필
요하다고 하지요. 열심히 지키다가도 한 번쯤은 귀찮아서 그냥 배출
해버린 경험은 없나요? 더 이상 쓰레기가 배출되지 않는 세상을 생각

해서 순환 경제에 힘을 실어야 할 때입니다.

함께 실천해요

    교실에서 순환 경제를 학생들이 바로 느낄 수 있는 것은 우유팩입니다. 급식으로 나오는 우유팩들은 다 어디로 갈까요? 우유팩은 종이류가 아닙니다. 종이와 종이팩이 어떻게 분류되고 그것이 재활용되었을 때 결과물이 다르다는 것을 학생들과 함께 알아보고 실천해보면 좋겠습니다.

1. 우유팩은 종이일까, 아닐까?

① 짝 대화를 통해서 생각 열기
 - 일반 종이는 물에 젖지만, 우유팩은 우유를 담아야 하니까 젖지 않으니 종이가 아니다.
 - 젖지 않도록 가공했기 때문에 종이와 따로 분리배출을 해야 한다 등

② 우유팩에 표시된 재활용 마크 확인하기
 - 교실에서 우유를 마시는 시간에 학생들과 함께 분리배출 방법 확인하기

③ 종이와 종이팩을 섞어 배출하면 안 되는 이유 나누기
 - 신문 기사를 읽고 짝과 함께 이야기 나누기

배출 방법

- 내용물을 비우고 물로 헹군 후 반드시 일반 폐지와 혼합되지 않게 배출
- 분리수거함이 없는 경우 일반 종이류와 구분하여 다른 재활용품(캔, 유리병)과 함께 배출
- 상자 등에 부착되어있는 스티커나 테이프를 모두 제거해서 배출

- 우유팩을 따로 분리배출 해야 하는 진짜 이유
- 올바르게 분리배출 하지 않으면 자원순환이 되지 않고 소중한 자원을 낭비하는 것
④ '종이컵은 재활용된다 vs 되지 않는다' 토론하기
  - 우유팩처럼 안쪽이 코팅되어 있는 종이컵은 재활용이 되는지 토론하기
  - 종이컵이 일회용품으로 재활용이 안 되는 이유 찾기

2. 우유 종이팩 홍보하기
① 우유 종이팩 홍보글 쓰고 SNS에 올리기
  - 우유팩은 종이가 아니라는 종이팩으로 우리에게 휴지 등으로

재활용되어 삶으로 돌아옴을 알리는 글을 써보는 활동

　- 각자가 쓴 글을 본인의 SNS에 올려서 공유할 수 있게 합니다.

② 폐지 상자를 활용하여 홍보 포스터 만들기

　- 다른 사람들의 도와주는 활동 자체가 학생들이 스스로 실천할
　　수 있는 의지를 만들어줍니다.

　- 아파트 분리수거장에 '우유팩은 종이가 아니에요'라는 문구를
　　적어두고 홍보하기

3. 우유 종이팩 재활용 실천하기

① 학급에서 배출하는 우유팩 씻기

　- 교실에서 배출되는 우유팩을 함께 씻어서 말리기

　- 번거로울 수는 있지만, 실천해본 경험이야말로 지구를 살리는
　　원동력

　- 학생들의 실천 과정을 사진으로 남기기

② 우유팩 교환을 위한 정보 찾기

　- 우리 동네의 우유팩 교환하는 곳 조사하기

　- 대부분은 동네주민센터에서 교환이 가능하지만, 지역마다 차
　　이가 있기에 학생 스스로 교환장소를 찾아보기

　- 얼마만큼의 우유팩을 모아야 휴지로 교환 가능한지 정보 수집
　　하기

③ 주민센터에 가져가서 휴지로 교환하기

　- 교환 가능한 양이 되었을 때 주민센터에 가서 교환하기

4. 실천 후 소감 나누기

① 실천 사진 감상하기

- 토론하는 과정부터 우유팩 씻고 말리고 정리하는 장면, 주민
센터에서 휴지로 교환하는 과정의 사진을 보면서 활동 과정에
서 느낀 좋았던 점, 개선해야 할 점, 그리고 잘한 점들을 이야
기 나누기

② 자원순환 실천 글쓰기

- 실천하는 과정에서 느끼는 불편함, 그리고 뿌듯함까지 작성하고
가정에서도 어떻게 자원순환을 이어가야 할지 고민하기

알아두면 쓸모 있는 기후 잡학사전

종이컵 재활용

종이컵을 깨끗하게 씻어서 말려서 배출할 수 있다면 재활용이 가
능할 수도 있습니다. 그러나 커피 등의 음료, 기타 음식물이 담겨 이
물질이 묻으면 세척이 힘들어서 재활용이 어렵기 때문에 일반쓰레
기로 분류되어 버려집니다. 문제는 종이컵 안의 플라스틱 코팅막은
토양을 오랫동안 몸살 나게 한다는 것입니다. 또 뜨거운 음료를 마실
때 나오는 미세플라스틱은 우리 몸을 상하게 합니다. 그러니 종이컵
사용을 자제하는 것이 좋겠지요?

아주 작은
용기

"일회용 컵은 필요 없어요, 텀블러에 담아갈게요."

"네, 에코별이 적립되었습니다."

커피숍에서 일회용 컵에 음료를 담지 않으니 에코별이란 것을 적립해주었어요. 고작 텀블러 하나 사용했을 뿐인데 돌아오는 혜택은 적립, 할인, 제로웨이스트, 환경 실천에 대한 자신감. 마치 선물을 받은 느낌이었어요.

더 이상 플라스틱은 환상적인 선물이 아닙니다. 하지만 우리 생활에서 일회용품을 사용하지 않고 제로웨이스트에 가까운 실천을 한다는 것이 과연 쉬운 일일까요? 99%는 모두 불가능하다고 답할 것 같아요. 우리 생활에 필요한 많은 물건을 구입하다 보면 배출해야 할 쓰레기의 양도 어마어마합니다. 그렇다고 안 살 수도 없는 노릇입니다.

모든 것을 제로웨이스트 하자는 것은 아닙니다. 개인이 할 수 있는 것을 우선 실천해보자는 것입니다. 그 실천이 기업이나 국가의 생각을 바꾸고 지구와 함께 오랫동안 살아갈 동력이 될 수 있지 않을가 합니다.

함께 실천해요 ──────────

1. 제로웨이스트 이해하기
   ① 제로웨이스트 의미 알기
   ② 제로웨이스트의 실천 사례 살펴보기

2. 우리 생활에서 제로웨이스트가 가능한 부분 찾기
   ① 물티슈 대신에 손수건 사용하기
      - 플라스틱 물티슈의 편리함 대신 손수건의 자랑스러움으로 바꾸기
   ② 일회용 컵 안 쓰기 위해서 외출할 때는 꼭 물병(텀블러) 들고 다니기
      - 들고 다니는 불편함은 잠시, 지구 지킴이로 가방에 넣어 다니기
   ③ 반찬가게 갈 때는 담을 수 있는 용기를 가지고 가기
      - 부모님과 함께 반려 용기를 가지고 반찬가게를 방문하기
      - 반려 용기에 지구를 지키는 예쁜 마음 담기
   ④ 배달 음식과 헤어질 수 없다면 '수저는 빼고 주세요' 기억하기
      - 배달 음식과 이별할 수 없다면 횟수를 줄이는 연습하기

- 포장 주문 시 집에 있는 그릇을 가져가기

- 재활용되지 않는 일회용 젓가락은 당당하게 거절하기

⑤ 장바구니는 기본, 되도록 비닐봉지에 담지 않기

- 과일, 당근, 대파 등을 살 때 네트백(그물가방) 등 이용하기

3. '용기내' 실천 프로젝트 계획하기

① 나만 말고 우리 집도, 우리 동네 가게도 함께 참여하기

- 반려 용기를 사용하고 용기내 활동을 칭찬하는 가게 탐색하기

- 용기를 담아가면 더 담아주는 카페, 용기를 가져가면 할인을 해 주는 떡볶이집 등을 탐색하기

② '용기내' 활동에 동참해 줄 가게 이름 알리기

- 학생들의 '용기내' 활동에 함께해줄 가게의 이름을 포스터로 만들기

③ '용기내' 쿠폰 사용하기

- 우리 학교 이름과 가게 이름이 적혀 있는 쿠폰 만들기

④ '용기내' 실천하기

- 친구와 함께 사용하기

- 반려 용기 사용하기

- 완벽한 한 사람보다 조금씩 실천하는 100명의 사람 만들기

제로웨이스트

1998년도에 시작된 제로웨이스트는 2002년까지 대중에게 많은 관심을 받으면서 기업 및 정부에서는 제로웨이스트 목표를 설정하거나 다양한 캠페인을 진행하게 되었다고 합니다. 그러다가 2020년 환경에 대한 우려의 목소리가 높아지면서 친환경적인 제로웨이스트 샵이 생기고 생분해성 플라스틱에 관한 연구도 시작되었습니다.

최근 SNS를 통해 제로웨이스트에 관한 논의가 점차 활발해지고 있어요. 많은 사람이 쓰레기 배출을 줄이는 저마다의 노하우를 공유하고, 실천한 것을 게시물로 올리며 서로에게 선한 영향력을 미치고 있습니다. 제로웨이스트 운동은 '폐기, 환원, 재사용, 재활용 및 퇴비화'라는 간단한 철학에 기반합니다.

자연을
따러 가요

"우와! 하늘 빛깔이 너무 예쁘다."

"이야! 팔을 벌려보니 바람이 나를 부드럽게 감싸고 있어."

자연을 느껴보기 위해 운동장에 나온 아이들이 여기저기서 감탄사를 쏟아냅니다.

누구나 자연의 변화가 가져다주는 아름다움과 경이로움을 간직하고 싶어 하지요. 이러한 자연에 대한 경험은 자연스럽게 생태감수성이 자랄 수 있도록 도와줍니다. 자연이 얼마나 소중하고 고마운 존재인지 느껴보는 것부터가 지구와 기후 문제 인식의 시작이 될 겁니다.

"얘들아, 우리 자연 따러 가볼까?"

"자연이 사과도 아니고 감도 아닌데 어떻게 따요?"

자연을 따러 가자고 하니 아이들은 허공에 대고 따는 시늉을 했습니다. 우리 반 친구들과 함께 자연을 따러 '아침 산책'을 나섰습니다.

손바닥만 한 땅이라도 학교에는 나무와 풀, 우리가 모르는 이름 모를 풀들과 곤충, 야생화도 볼 수 있을 겁니다. 아이들은 그냥 밖에 나가는 그 자체를 좋아하지요. 그렇게 밖으로 나가서 계절을 느끼고 날씨를 느끼고 생명을 느끼는 시간으로 '아침 산책'을 생각하면 좋겠습니다.

함께 실천해요

1. 아침 산책하기
  ① 우리만의 본부 만들기
   - 학교의 장소를 정해서 우리만의 본부를 만들기
   - 그 장소가 좋은지 발표하기
   - 장소에 어울리는 이름 짓고 의미를 부여하기
  ② 정해진 시간에 산책하기
   - 정해진 시간에 함께 학교 주변 산책하면서 돌멩이, 나뭇잎, 떨어진 꽃잎, 곤충의 허물 등 자연물을 수집하기
   - 자신이 좋아하는 나무나 식물을 정해서 꾸준하게 관찰하기
  ③ 산책하며 확장할 수 있는 활동하기
   - 우리의 본부에 깃발이나 간판을 만들어 달기
   - 산책길의 코스를 짜보거나 이름 지어보기

2. 자연에서 사진 따기 활동

①자연에서 구도 잡기 또는 사진 찍기 활동

– 사진을 찍거나 사진이 없을 경우 사진틀에 구도 잡기

②찍은 사진을 친구들과 공유하기

– 학급 홈페이지, 밴드, 학급이 함께 참여할 수 있는 온라인 커뮤

니티에 사진과 감상을 공유하기

③자연에서 받은 감동과 고마움 글쓰기

– 그날 자신의 감상과 감동을 한 문장으로 표현하기

3. 자연에서 동시 쓰기 활동

①생태 동시 쓰기

– 생태 동시를 쓸 수 있는 작은 공책을 주고 글과 그림을 자유롭

게 쓸 수 있는 환경을 마련한 후 글쓰기

②칭찬과 격려를 통해 꾸준히 작품 활동 누적하기

– 학생들의 활동에 대해 피드백을 주면서 자신감을 가지고 자신

의 작품 누적하기

③활동 결과 나누고 전시회 열기

4. 산책 활동 시 도움이 되는 팁

①있는 그대로 느끼게 하기

– 아이들에게 무언가를 가르치려 하기보다 그냥 있는 그대로 느

끼게 도와주기

② 첫 순간에 감탄하기

  - 아이들이 무언가 발견해서 선생님을 부를 때 그 첫 순간을 그
    냥 지나치지 않고 '어쩜 그런 걸 발견했어? 어머! 정말 그렇구
    나!' 등으로 감탄해주기

③ '선생님도 궁금한걸' 공감하고 함께 질문하기

  - 아이들이 궁금해하는 것을 선생님이 모두 알려주기보다 "선생
    님도 궁금한걸? 같이 찾아볼까?" 등으로 되 질문하기

④ 변화 내용 살피기 질문 던지기

  - 산책을 하며 여러 번 관찰했던 식물이 어떻게 변했는지 질문
    하기

⑤ 스마트폰 또는 액자 틀을 준비하기

  - 스마트폰이 있다면 오늘의 한 장면을 찍기

  - 액자 틀을 준비하여 풍경에 가져다 대어 나만의 장면 만들기

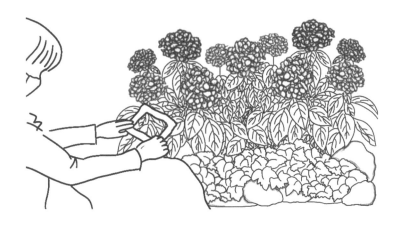

5. 연계 활동과 나눔

① 환경교육원이나 지역 생태원에서 제공하는 숲체험 교육 신청

　- 숲이나 자연에 대한 생태전문가를 초청해서 우리 학교 숲과 나무의 정보를 알아보기

　- 전문가를 통해서 학교의 몰랐던 생태 환경에 대한 지식을 쌓기

② 식물의 이름을 모를 때 식물 이름 찾기 '모야모'앱 이용하기

　- 모르는 식물 사진을 찍어서 식물의 이름을 확인하기

③ 학부모의 참여를 유도하는 방법

　- 생태 동시 전시회를 열어 학부모의 참여를 유도하고 함께 감상하기

　- 초대가 힘들 경우 야외에 전시하고 학부모들이 자율적으로 감상하고 참여할 수 있는 링크나 QR 코드를 만들어 배부하기

자연물
활용 수업

"선생님! 전 제가 만든 미술작품 안 가져갈래요. 엄마가 예쁜 쓰레기 집에 가져오지 말래요."

예쁜 쓰레기, 생각해보니 예쁜 쓰레기라는 학생의 말이 틀리지 않습니다. 다양한 재료들이 섞여 화학용품으로 붙여진 작품은 재활용이 안 됩니다. 결국 이 작품은 어디로 가게 될까요?

평소에도 미술 수업을 하고 나면 교실은 쓰레기로 넘칩니다. 재료들은 보통 비닐에 담겨 있어서 분리수거함이 비닐 쓰레기로 가득합니다. 기후위기를 극복하기 위해 생활 속에서 최대한 미니멀리즘을 추구하는 제가 교실에서는 맥시멀리스트가 됩니다.

생각을 바꾸고

쓰레기 없는 미술 수업을 고민하던 중 지푸라기라도 잡는 심정으로 학생들과 운동장으로 나갔습니다.

"오늘은 우리 가족의 모습을 **운동장 바닥에 그려봅시다.** 그리고 그 위에 낙엽이나 열매를 이용해서 꾸며보아요. 작품이 다 완성되면 선생님이 사진으로 찍어주겠습니다."

학생들은 화단에 떨어진 자연물을 이용하여 피카소가 되었습니다. 색종이 대신 단풍잎과 은행잎을 사용했고, 입체 표현이 필요한 부분에는 작은 나무 열매와 씨앗들을 활용했습니다. 학생들도 미술 수업에 즐겁게 참여했습니다. 가장 좋은 점은 단 한 장의 비닐 쓰레기도, 종잇조각도 나오지 않았다는 것입니다.

수업의 변화는 행동의 변화로

수업의 변화는 학생들의 행동 변화로 이어졌습니다. 종이접기를 좋아해서 하루에 몇 장씩 색종이를 쓰던 친구들은 한번 접은 색종이를 잘 펴서 다른 동물 모양을 접고 또 접었습니다. 일주일이면 동나던 교실 공용 테이프도 한 달이 넘게 새것인 상태로 남아 있었습니다. 익숙하지는 않았지만, **지구를 위한 작은 불편함**이라는 것을 알고 나서는 누구 하나 불평 없이 잘 따라주었습니다.

함께 실천해요 ──────────────

1. 자연물로 표현하기

① 대상에 대한 느낌과 생각을 어떤 재료와 방법으로 표현할 것인

지 생각해보기

② 약속된 장소에서 표현하기에 적합한 재료를 찾아보기(열매의 모양,

잎의 수, 잎의 모양, 가지의 길이 등 자연물의 특징을 살려 표현)

③ 떨어진 나뭇가지와 돌멩이로 사자 표현하기

④ 나무둥치 위에 올라가 자유의 여신상 몸으로 표현하고 사진찍기

2. 자연에서 한글 배우기

① 한글 자음과 모음을 운동장에 나뭇가지를 이용하여 써보기

② 내가 좋아하는 단어를 그림책에서 찾아 땅위에 쓰기

③ 우리 반 친구들의 이름을 이어 써 우정 동그라미 만들기

3. 플라스틱, 화학용품 자연물로 바꾸기

① 수막대

  - 수막대 대신 사용할 나뭇가지 채집하기

  - 길이에 따라 나뭇가지 분류하기

  - 나뭇가지 길이에 따라 수막대 약속하기

- 작은 나무 열매 하나를 숫자 1로 약속하고 사용하기
② 수수깡
    - 수수깡 대신 사용할 나뭇가지, 마른 풀가지 채집하기
    - 풀이나 본드 대신 고무줄을 이용하여 고정하기
③ 색종이
    - 계절별로 꽃잎, 나뭇잎 등 색이 있는 식물을 채집하여 두꺼운 책으로 눌러 수분을 제거하고 반듯하게 펴기
    - 원하는 모양으로 자른 후 풀이나 다회용 핀을 사용하여 흙바닥에 고정하기
④ 물티슈
    - 개인별 닥 섬유 손수건을 1장씩 준비하여 물티슈 대신 사용하기
    - 오염된 손수건은 친환경 세제로 세탁하여 재사용하기

4. 자연체험 수업에서 유의할 점
① 계절 재료에 맞게
    - 봄에는 꽃잎, 가을에는 낙엽과 열매 등 계절의 흐름에 맞춰 재료 준비하기
② 생명의 소중함
    - 떨어진 열매나 잎 등을 채집하여 사용하고, 살아있는 생명을 훼손하지 않도록 하기
③ 관찰 대상 및 활동 공간 범위 설정
    - 관찰할 수 있는 대상과 활동 공간의 범위를 설정하여 학생들이

안전하게 자연 미술에 참여할 수 있도록 미리 약속하기

④ 화학 재료 자제

- 풀, 테이프 등 인공 화학 재료의 사용을 최소한으로 사용하고 재료들이 자연으로 다시 돌아갈 수 있게 하기

⑤ 학생들의 표현 동기에 집중하기

- 자연 미술은 단점이나 부작용이 없기에 모두의 작품을 존중하고 개인이 부여한 의미가 작품이 되도록 하기

⑥ 작품 완성 후 학생이 스스로 설명할 수 있는 시간 제공

- 작품을 만들 때 어떤 생각이나 느낌을 가지고 자연물을 활용했는지 자신의 언어로 표현하기

⑦ 작품을 사진으로 남기기

- 시간에 따라 모양이 변하는 자연물을 활용했을 때는 사진으로 남기기

미래를 위한
설거지

'생태환경교육' 하면 선생님들이 가장 많이 떠올리는 것이 바로 텃밭 작물 재배일 겁니다. 계절에 맞게 재배하는 작물들에는 무엇이 있는지 알아가는 것도 계절을 느끼는 즐거운 일입니다.

학교에 공터가 있다면 텃밭으로 활용해보는 것도 좋습니다. 덩굴 식물을 재배하기 위해서는 공터에 뼈대를 세우는 작업을 해야 합니다. 여기까지 생각하니 '아, 텃밭 공터? 그런 곳이 우리 학교에는 없는데? 뼈대를 세운다는 건 또 뭐야?' 하며 어렵게 생각이 드나요? 학교 주무관님의 도움을 받아서 뼈대를 주문하고 환경동아리 예산을 활용해보세요.

미세플라스틱에 대해서 공부하고 직접 만든 수세미로 설거지를 해보는 활동을 해보면 어떨까요? 텃밭 작물을 재배하고 그것으로 직접 수세미를 만들어서 설거지까지 활동해본다면 금상첨화겠지요.

가정에서 설거지할 때 사용하는 것이 왜 수세미일까요? 예전에 설거지할 때 바로 이 수세미 열매를 껍질만 제거하고 그대로 사용했기 때문입니다. 그러나 우리가 지금 사용하는 것은 합성섬유로 만든 것이어서 설거지를 할 때마다 미세플라스틱을 배출합니다.

수세미를 재배하는 것 자체로 생태환경교육이 될 수 있습니다. 수세미를 재배하고 수확물을 생활에서 활용하는 것이 얼마나 중요한 것인지를 느낄 수 있습니다. 플라스틱 재질의 수세미를 자연 친화적인 것으로 대체하고 지구와 함께 할 수 있다는 것을 배우는 과정이 됩니다.

1. 텃밭 공터의 활용 계획 수립
  ① 창가에 덩굴 식물 재배하기
    - 공터가 없다면 창가에서 재배를 시도해보기
  ② 학교의 예산과 인력 자원 활용하기
  ③ 수세미 모종 심고 기르기
    - 덩굴 식물이기 때문에 어떻게 자라게 할 것인지를 구상하기

2. 수세미 수확하기
  ① 기른 수세미 수확하고 삶기
    - 수세미를 삶아서 만들 때 수확량이 많은 경우 수세미를 나누어 가정의 도움받기

② 수세미 말리고 만들기

③ 수세미 가정에서 활용하기

3. 수세미 판매 또는 나눔하기

① 제작한 수세미를 홍보하는 광고지 만들기

－미래를 위한 설거지를 위해 플라스틱보다 미래를 위한 설거지를 활용하자는 내용의 광고지 만들기

② 수세미 제작과정을 영상으로 만들어 홍보하기

③ 천연 수세미를 판매하기

－학교 장터나 아나바다 장터 또는 환경박람회 등에 참여해보기

－판매를 통해 학생들에게 경제적 경험 제공하기

④ 수세미 판매금 기부

－좋은 일에 활용계획 세우고 판매금 기부하기(그린피스, 환경보전단체, WWF)

⑤ 가정과 연계 활동 또는 나눔

－직접 재배한 수세미를 집에서 사용해보고 소감 나누기

함께하기에
한 걸음 더

이 책은 창원교육지원청의 고민으로부터 시작되었습니다.

"교사교육과정 속에 기후환경 생태전환수업이 잘 이루어질 수 있도록 교육청이 어떤 노력을 해야 할까요?"

이 질문에 창원교육지원청만이 아니라 경상남도 그리고 교육부와 대한민국 전 지역의 시 · 도 교육청에서 노력하고 있습니다. 기후위기 시대를 잘 준비하기 위해 생태전환교육, 기후환경 수업 등의 이름으로 알찬 해답들을 내어놓는 중입니다.

2021년부터 창원교육지원청은 기후위기 시대에 맞게 '에코드림' 특색과제를 운영해왔습니다. 지난 2년간 연수 및 교재개발 등 여러 가지 방법으로 학교를 지원하고 교사들에게 수업을 독려하기도 했습니다. 이러한 부단한 노력에도 불구하고 여타 연수와 마찬가지로 기후환경 문제에 관심 있는 선생님들만 참여했습니다. 또한, 개발한 교재들도 관심 있는 교사들에게만 좋은 반응을 이끌어내는 그들만의 리그가 펼쳐졌습니다.

그나마 선생님들께서 관심을 가지고 활동해주시는 분야가 플라스틱과 쓰레기 문제였습니다. 하지만 기후환경 문제는 단순히 쓰레기만의 문제가 아닙니다. 왜냐하면, 지구의 문제는 서로 얽혀 있어서 연쇄적으로 일어나기 때문입니다.

창원교육지원청 TF팀이 꾸려지고 협의회가 시작되었습니다. 목적은 단 하나였습니다. 기후위기의 위험을 인지시키고 에코드림 생태전환 교육과정을 운영할 수 있는 도움을 주는 것이었습니다.

교재를 개발해서 보급하자.
교사들이 참여할 수 있는 연수를 진행하자.
각급 학교 교육과정에 녹여 낼 수 있는 자료를 주자. …

다양한 의견을 내고 검토했습니다. 기후위기와 관련한 수업교재는 이미 전국의 각 시·도 교육청에서 좋은 자료를 내어놓았습니다. 이미 나온 자료를 검토해보니 너무도 훌륭한 자료들이었습니다. 그런데, '선생님들은 이 좋은 자료들을 왜 활용하지 않으실까?'

선생님들은 기후위기 문제, 지구촌에서 일어나고 있는 문제들을 이미 언론을 통해서 잘 알고 계십니다. 그럼에도 불구하고 교과에 녹여내지 못하는 이유는, 교과 진도에 얽매이고 또 어떻게 수업에 녹여내야 할지 아직도 망설이고 있어서입니다. 그러나 기후위기의 문제는 생존의 문제이기에 때문에 무엇보다도 우선되어야 합니다.

'그러면 뭐부터 시작하면 좋을까?'

'기후위기의 문제를 왜 교육과정에서 다루어야 하는가?'에 대한 제대로 된 인식이 중요합니다. 꼭 해야 한다는 동기가 생기면 선생님들은 저절로 움직입니다. '선생님들께 현재 일어나고 있는 문제가 무엇인지 먼저 알려드리자'라는 것이 저희의 의견이었습니다. 그래서 이 책은 교사교육과정에서 우선적으로 생각하고 다루어 보았으면 하는 기후 주제를 담았습니다. 그리고 그것을 바로 수업에 적용해볼 수 있도록 자료를 구성했습니다.

수리수리 마하수리 얍!

아브라 카다부라!

비비디 바비디부!

이 책에 등장하는 태영이가 친구들에게 건 마법 주문입니다. 이 책이 선생님들께서 기후환경을 고민하고 바로 실천할 수 있는 마법 주문이 되면 좋겠습니다. 선생님들의 인식이 바뀌고 실천의 삶이 되어야 교실 현장의 교육도 이루어집니다. '교육은 교사의 질을 벗어날 수 없다'는 말이 있듯이 기후환경 문제에 대한 교사교육과정은 선생님들의 고민이 있어야 가능합니다.

지구 문제는 지구에게는 문제가 되지 않습니다. 우리 인간에게 위협을 주는 문제입니다. '온실가스 문제다.' '쓰레기 문제다'라고 단순히 말하지 않고 어디에서 어떻게 문제가 일어나고 있는지 알아보고 자신의 문제로 인식하고 단 하나의 실천이라도 시작해주시면 좋겠습니다. 전체를 이해한 후 이루어지는 수업 실천은 호수에 던진 돌멩이처럼 커다란 물결의 파장이 되어 번져나갈 것입니다.

이 책으로 다 함께 지구를 구하는 마법사가 되길 희망해봅니다.

고맙습니다, 감사합니다.

Thanks to

기후위기의 문제, 교사교육과정의 발전 방향을 함께 고민해주시고,
지원해주시는 창원교육지원청, 고맙습니다. 감사합니다.

이 책의 그림을 그려준 정다연 학생에게 고맙습니다.

함께 실천해주시는 선생님, 고맙습니다, 감사합니다.

그리고 우리의 지구에게 고맙습니다, 감사합니다.

참고 자료

[도서]

강물이 흘러가도록, 제인 욜런 글, 바바라 쿠니 그림, 2017, 시공주니어
그레타 툰베리, 발렌티나 카메리니, 2019, 김영사
그레타 툰베리가 외쳐요, 자넷 윈터, 2020, 꿈꾸는 섬
도넛 경제학, 케이트 레이워스, 2018, 학고재
두 번째 지구는 없다, 타일러 라쉬, 2020, 알에이치코리아
모기가 우리한테 해 준 게 뭔데?, 프라우케 피셔 외, 2022, 북트리거
빌 게이츠, 기후재앙을 피하는 법, 빌 게이츠, 2021, 김영사
생태계와 기후변화, 생태편집위원회, 2011, 지오북
쓰레기 TMI, 편집부, 2021, 한겨레21
쓰레기가 쌓이고 쌓이면, 박기영, 2010, 웅진주니어
쓰레기 사전, 안지훈, 2021, 정독
에코드림 프로젝트수업 실천사례집, 창원교육지원청, 2021
와우벌 이야기, 김하영, 2022, 와우띵
적당히 불편하게, 김한솔이 외, 2021, 키효북스
지구를 구하는 쓰레기 제로 대작전, 시마 외즈칸, 2020, 토토북
지금 당장 기후 토론: 우리는 서로의 지구니까, 김추령, 2022, 우리학교
최열 아저씨의 지구온난화 이야기, 최열, 2007, 도요새
최종경고 6도의 멸종, 마크 라이너스, 2022, 세종서적
탄소중립을 위한 환경교육용어사전, 환경부, 2020, 국가환경교육센터
파란하늘 빨간지구, 조천호, 2019, 동아시아
파타고니아, 파도가 칠 때는 서핑을, 이본 쉬나드, 2020, 라이팅하우스
플라스틱 다이어트, 호세 루이스 가예고, 2022, 우리교육
플라스틱 행성, 게르하르트 프레팅, 베르너 보테, 2014, 거인
핀란드 사람들은 왜 중고가게에 갈까?, 박현선, 2019, 헤이북스

[영상]

2022 기후재앙, 그 시작은 북극이었다 시사기획창

기후위기 피해 1순위 가난한 나라, 풍족한 세상 속 불평등 TVNSTORY

댐 아리랑 '영주댐 수몰지역 금광리 주민들의 기록' 안동MBC PLUS

'붉은 지구' 시리즈 다큐인사이트

산호의 비밀 대탐구 국립어린이과학관

수입 먹거리 많은 한국인 밥상, 로컬푸드가 해결책 KBS 생로병사의 비밀

우리가 미처 몰랐던 고래의 위대한 가치 해양수산부

우리나라 고유종 구상나무의 죽음 국립생태원

이해하기 쉬운 날씨 시리즈 - 제트기류 기상청기후인재개발원

종이팩은 종이가 아니다?! 올바른 종이팩 재활용 유어스텝 유튜브

차원이 다른 올겨울! 성층권 제트기류가 거꾸로 흐르고 있다 엠빅뉴스

파타고니아의 역사 세상의모든지식 유튜브

폭염, 전쟁, 식량난, 난민발생, 해수면 상승 이래도 정말 상관없나요? 리뷰엉이 유튜브

[뉴스 및 참고자료]

그 많던 꿀벌은 어디로 갔을까? 2022 안산환경재단 외

기후 위기 시한폭탄 된 '영구동토층', 실태는? 2022 KBS

기후재난의 시작!? 1℃가 가져온 기후변화 2020 한국환경공단 네이버포스트

기후정의와 사회생태주의 2022 천지일보

열네 살의 세계적 환경 · 평화운동가 조녀선 리 2011 중앙일보

오션클린업 CEO 보얀 슬랫 2015 모두커뮤니케이션즈

온난화로 산악 빙하 다 녹으면 물 공급 끊겨 끔찍한 재앙 2017 중앙선데이

이 속도로 기온 오르면... 킬리만자로 만년설 20년 뒤 사라진다 2021 조선일보

종이팩은 왜 늘 '재활용 낙제생일까?' 2023 내일신문

지구의 온도가 1도씩 오르면 지구는 어떻게 될까? 2021 브런치북출판 프로젝트

프라이탁 버려진 천막은 어떻게 명품이 되었을까? 2020 브런치북출판 프로젝트

[참고사이트]

국가 생물다양성 정보공유체계

그린피스 캠페인소식

네이버 시사상식사전

두산백과 위키디피아

쓰레기백과사전

프라이탁홈페이지

해양수산부 공식 블로그

해양환경정보포털

환경교육포털

환경부